Jw_cad
日影・天空率
完全マスター

Jw_cad8 対応版

必ずお読みください

●本書の内容は、執筆時点（2018年6月）の情報に基づいて制作されています。これ以降に製品、サービス、その他情報の内容が変更されている可能性がありますのでご了承ください。

●本書は、Jw_cadの解説書です。本書の利用に当たっては、Jw_cadがパソコンにインストールされている必要があります。

●本書に記載された内容、ならびに付録CD-ROMに収録されたデータを使用して発生したいかなる損害についても、当社ならびに著作権者、データの提供者（開発元・販売元）は、一切の責任を負いかねます。個人の責任の範囲において使用してください。

●OSやパソコンの基本操作、記事に直接関係のない操作方法、ご使用の環境固有の設定や特定の機器向けの設定といった質問は受け付けておりません。本書の説明内容に関するご質問にかぎり、p.239に掲載した本書専用のFAX質問シートにて受け付けております（詳細はp.239をご覧ください）。

●本書中に登場する会社名や商品名は一般に各社の商標または登録商標です。本書では®およびTMマークは省略させていただいております。

●Jw_cadの付録CD-ROMへの収録および操作画面の本書への掲載につきましては、Jw_cadの著作権者である清水治郎氏と田中善文氏の許諾をいただいてあります。

カバーデザイン＝会津 勝久
編集制作 ＝鈴木 健二
印刷＝シナノ書籍印刷

はじめに ⋯⋯⋯⋯⋯ 知らないでは損をする天空率

天空率が2003年1月1日に施行され、すでに15年が経過しました。
私たちの業界でも「天空率」という言葉はポピュラーなものになりました。

斜線で一律に高さのしばりをかけていた制限を、立面的な面でとらえて面積で緩和する天空率の導入により、設計者はそのバランスをコントロールすることで、自由な形態を計画することができます。
例えば、敷地両サイドのアキを確保することで、斜線制限を越えて綺麗な屋根を作れます。また、上部が斜線形状でセットバックしていた中高層の建物も、計画次第ではすっきりとした整形の建物にすることも可能です。天空率の導入のメリットはとても大きく、知らないでは損をします。

Jw_cadは、天空率の施行と同時にVer.3.00としてバージョンアップし、天空率の機能を装備しました。本書執筆時の最新版はVer.8.03aとなっています。天空率関連の機能は、Ver.3.00以降、若干追加されながら現在に至っていますが、基本的には変わらず、当初の機能の完成度の高さを物語っています。
Jw_cadの天空率機能は、自動計算機能がある一般の天空率ソフトと比べれば、とてもシンプルです。ユーザーが天空率を理解して準備さえできれば、計画する場所、敷地形状を選ばず、柔軟な対応が可能で、高い汎用性をもっているといえます。

本書は、天空率の概念から、そのメリットと事例を紹介し、Jw_cadのユーザーではない方にも天空率の考え方がわかっていただけるようにしています。いくつかの事例を使いながら、Jw_cadの操作方法を具体的に説明しています。
また、判断基準として一般的になってきた、JCBA方式の考え方について解説しています。本書で天空率の「ノリ」がつかめれば、実務において強力なツールになることと思います。

本書では、日影図の機能も解説しています。天空率・日影図ともに、計算において重要な建物ボリューム（日影図では計画する建物そのもの、天空率では斜線制限適合建築物、計画建築物）の作り方は同じ操作です。その点で、天空率と日影図の機能は似ているので、合わせて習得するとよいでしょう。

日影図では、必須となる真北の作図については、国土地理院の地図データを利用して真北を求める方法を解説しています。これを使えば、手軽に精度の高い真北を求めることができます。ぜひ参考にしてください。
なお、本書で解説している天空率の考え方は1例です。具体的な計画をする場合は、計画の初期段階で、行政庁や指定確認検査機関との打ち合わせを必ず行ってください。

2018年6月　駒田建築設計室　駒田 政史

Contents

付録CD−ROM使用上の注意　8／付録CD−ROMの内容　9／Jw_cadのインストール、起動と終了　10

1章 日影図と天空率　17

1·1 日影規制 ……… 18
1·1·1 日影規制の審査基準 ……… 18
1·1·2 日影図と日影時間図 ……… 20
1·1·3 真北 ……… 21
1·1·4 日影規制の注意事項 ……… 21
　1·1·4·1 日影が規制の異なる区域に
　　　　またがる場合 ……… 21
　1·1·4·2 敷地の内に2つ以上の建築物が
　　　　ある場合 ……… 21
　1·1·4·3 敷地が道路や河川に接している場合 ……… 22
　1·1·4·4 計画敷地が隣地より1m以上低い場合 ……… 22
　1·1·4·5 建物高さの規定が道路斜線などと
　　　　異なる場合 ……… 23
　1·1·4·6 敷地北側に道路などがある場合は
　　　　発散方式が有効 ……… 24
1·1·5 日影規制関連条文（別表） ……… 25

1·2 天空率 ……… 26
1·2·1 天空率とは ……… 26

　1·2·1·1 天空率と法規改正の背景 ……… 26
　1·2·1·2 天空率を使用した建物のメリット ……… 26
　1·2·1·3 天空率の規定内容と定義 ……… 27
　1·2·1·4 天空率を使う際の注意点 ……… 29
　1·2·1·5 天空率算定の原則 ……… 29
**1·2·2 東京都方式と日本建築行政会議（JCBA）方式
について** ……… 43
　1·2·2·1 隣地越しの敷地の道路斜線
　　　　① 境界線が非直交 ……… 43
　1·2·2·2 隣地越しの敷地の道路斜線
　　　　② 路地状 ……… 45
　1·2·2·3 入隅部に道路がある敷地の道路斜線 ……… 46
　1·2·2·4 敷地の隣地境界線が入隅の場合 ……… 47
　1·2·2·5 安全率 ……… 49
1·2·3 天空率の特性とメリット ……… 50
　1·2·3·1 天空率の特性 ……… 50
　1·2·3·2 敷地や建物の形状で変わる
　　　　天空率のメリット ……… 51
　1·2·3·3 事例による天空率のメリットの検証 ……… 56

2章 建物ボリューム　61

2·1 建物ボリュームの作成 ……… 62
2·1·1 建物ボリューム ……… 62
　2·1·1·1 Jw_cadによる建物ボリュームの作成 ……… 62
　2·1·1·2 建物ボリューム作成の基本的ルール ……… 62
2·1·2 建物ボリューム作成の基本 ……… 63
　2·1·2·1 1本の線に高さを設定 ……… 63
　2·1·2·2 四角形に高さを設定 ……… 65
　2·1·2·3 四角形に高さを設定する場合の
　　　　バリエーション ……… 67

2·2 建物ボリュームの作成例 ……… 73
2·2·1 切妻屋根の建物ボリューム ……… 73

2·2·2 段差のある陸屋根の建物ボリューム ……… 75
　2·2·2·1 高さごとのボリュームを並べる方法 ……… 75
　2·2·2·2 低い方でボリューム全体を作り
　　　　高い方を入れる方法 ……… 76
2·2·3 空中構造の建物ボリューム ……… 77
　2·2·3·1 高さごとのボリュームを並べる例 ……… 77
　2·2·3·2 各階ごとに建物ボリュームを作成する例 ……… 79
2·2·4 レイヤごとの地盤面からの高さ設定 ……… 81
　2·2·4·1 レイヤグループごとの地盤面からの
　　　　基準高さ設定 ……… 81
　2·2·4·2 レイヤごとの地盤面からの
　　　　基準高さ設定 ……… 81

3章 Jw_cadの日影図機能 83

3·1 Jw_cadの日影図関連機能 84
3·1·1 本書で作図する日影図各図の例 85
- 3·1·1·1 日影図作図の元となるデータ 85
- 3·1·1·2 時刻日影図 86
- 3·1·1·3 等時間日影図 87
- 3·1·1·4 指定点日影時間計算 87
- 3·1·1·5 壁面日影図 88
- 3·1·1·6 太陽軌跡図 88

3·2 日影図の作図 89
3·2·1 敷地条件の作図 91
- 3·2·1·1 配置図から敷地と建物をコピー&貼付 91
- 3·2·1·2 規制ラインの作図 92
- 3·2·1·3 真北の設定 96
- 3·2·1·4 測定条件の設定 97
3·2·2 建物ボリュームの作図 98
- 3·2·2·1 建物ボリュームの高さ設定 98
- 3·2·2·2 建物ボリュームの立体確認 100
3·2·3 時刻日影図の作図 101
3·2·4 等時間日影図の作図 102
- 3·2·4·1 2時間、3時間の等時間日影図の作図 102
- 3·2·4·2 作図した等時間日影図の確認 103
- 3·2·4·3 範囲指定による等時間日影図の作図 105
3·2·5 指定点日影時間の計算 107
3·2·6 日影図の完成 110
- 3·2·6·1 測定条件の記入 110
- 3·2·6·2 影倍率表、日影長さ表、方位角倍率図の作図 111
- 3·2·6·3 レイアウトを整え、日影図を完成させる 113
3·2·7 壁面日影図の作図 114
- 3·2·7·1 壁面日影図作図の準備 114
- 3·2·7·2 壁面時刻日影図の作図 115
- 3·2·7·3 壁面等時間日影図の作図 116
- 3·2·7·4 指定点壁面日影時間の計算 118
3·2·8 太陽軌跡図の作図 119

3·3 日影計算の根拠と精度 120
3·3·1 日影計算の根拠 120
3·3·2 日影計算の精度 122
- 3·3·2·1 建物近くの等時間日影図と日影図の出隅部分 122
- 3·3·2·2 等時間日影図の計算精度 124
3·3·3 日影規制が2つ以上の区域になる場合 126
- 3·3·3·1 時刻日影図の日影線の曲線属性を解除 127
- 3·3·3·2 等時間日影図の等時間線の曲線属性を解除 128

3·4 日影図の応用的な作図 129
3·4·1 建物ボリュームの建築可否を検討 129
- 3·4·1·1 建築可能範囲の検討準備 129
- 3·4·1·2 太陽方位角による検討 131
- 3·4·1·3 太陽高度による検討 133
- 3·4·1·4 建築可能高さの検討準備（建物ボリュームの作成） 136
- 3·4·1·5 日影図による検討 136
- 3·4·1·6 塔屋状に建てられる範囲 138
- 3·4·1·7 検討用建物ボリュームの完成 139
3·4·2 建物ボリュームの調整 140

Jw_cadの天空図機能 143

4·1 Jw_cadの天空図と天空率 ... 144

4·1·1 Jw_cadの天空図関連の機能 ... 144
- 4·1·1·1 天空図関連の機能 ... 144
- 4·1·1·2 天空図データの作図 建物ボリュームの入力とアイソメ表示 ... 144
- 4·1·1·3 天空図の作図 ... 145
- 4·1·1·4 天空率（天空比）の計算 ... 145
- 4·1·1·5 三斜による天空率計算と建物位置 ... 146
- 4·1·1·6 太陽軌跡図の作図 ... 146
- 4·1·1·7 環境設定ファイルによる天空率関連の設定 ... 146

4·1·2 天空率計算での建物ボリューム ... 147
- 4·1·2·1 領域とは ... 147
- 4·1·2·2 計画建物と適合建物 ... 147

4·2 天空図の作図と天空率の計算 ... 148

4·2·1 建物ボリュームの作図 ... 148
- 4·2·1·1 領域ごとの測定点の配置の準備 ... 148
- 4·2·1·2 建物ボリュームの作図 ... 151

4·2·2 天空図と天空率の作図 ... 155
- 4·2·2·1 天空図の書き込み表の作図 ... 155
- 4·2·2·2 天空図の作図と天空率の計算 ... 155

4·2·3 三斜計算による天空率 ... 164
- 4·2·3·1 三斜計算とは ... 164
- 4·2·3·2 三斜計算の方法 ... 165

4·3 環境設定ファイルによる天空図関連の設定 ... 170

4·3·1 環境設定ファイルの編集 ... 170
4·3·2 環境設定ファイルの天空図関連項目 ... 171

4·4 道路斜線 ... 173

4·4·1 屈曲した道路の場合などの測定点 ... 173
- 4·4·1·1 屈曲した道路の測定点 ... 173
- 4·4·1·2 幅員が一定ではない道路の測定点 ... 175
- 4·4·1·3 隅切りの測定点 ... 176

4·4·2 異なる用途地域をまたぐ敷地 ... 177
- 4·4·2·1 4m道路に面した住居系と商業系にまたぐ敷地 ... 177
- 4·4·2·2 道路に面した領域が住居系、奥が商業系の敷地 ... 182

4·4·3 複数の道路と隣接する敷地 ... 185

4·4·4 道路後退のある敷地 ... 189
- 4·4·4·1 比較的間口の狭い商業系地域の敷地 ... 189
- 4·4·4·2 比較的間口の広い住居系地域の敷地 ... 191

4·4·5 道路と高低差がある敷地 ... 192
- 4·4·5·1 最大高低差1m以内の前面道路をもつ住居系敷地 ... 192
- 4·4·5·2 最大高低差1m以上の前面道路をもつ住居系敷地 ... 196
- 4·4·5·3 地盤面を基準高さとする場合 ... 198

4·4·6 入隅のある敷地 ... 202
- 4·4·6·1 4m道路に面した住居系敷地 ... 202

4·5 隣地斜線 ... 209

4·5·1 隣地斜線の基本的な作図例 ... 209
4·5·2 変形や凹凸のある敷地 ... 211
- 4·5·2·1 凸凹の多い敷地 ... 211

4·5·3 入隅のある敷地 ... 214
- 4·5·3·1 領域を2つに区分する ... 214

4·5·4 後退を考慮した適合建物 ... 215
- 4·5·4·1 後退のある隣地斜線 ... 215

4·6 北側斜線 ... 217

4·6·1 北側斜線の基本的な作図例 ... 217
- 4·6·1·1 北側斜線の作図 ... 218

Appendix 真北の求め方 221

A·1 国土地理院の基盤地図情報データを利用し、真北を求める方法 222

A·1·1 基盤地図情報をダウンロードする 222
A·1·2 基盤地図情報ビューアで地図を変換する 225
A·1·3 Jw_cadに地図データを読み込む 227
A·1·4 真北方向角を求める 229
A·1·5 真北を補正する 230

A·2 基盤地図情報データを使う準備 232

A·2·1 利用者登録を行う 232
A·2·2 基盤地図情報ビューアのインストール 233

Index 237／FAX質問シート 239

付録CD-ROM使用上の注意

付録CD-ROMおよび収録されているJw_cadバージョン8.03aの動作環境

付録CD-ROMは、Windows 7/8/10に対応しています。それ以外のOSでの動作は保証しておりません。付録CD-ROMに収録されているJw_cadバージョン8.03aは、Windows 7/8/10が動作するパソコンでのみ使うことができます。また、パソコンのハードディスク空き容量やメモリ容量が少ない場合、Jw_cadがインストールできないことや正常に動作しないことがあります。その場合、当社・筆者・著作権者・データ提供者などの関係者は一切の責任を負いかねます。

個人の責任においてご使用ください

付録CD-ROMには、本書で解説しているJw_cadプログラムおよび図面データが収録されています。Jw_cadのインストール方法はp.10〜をご覧ください。収録されたデータを使用したことによるいかなる損害についても、当社ならびに著作権者・データの提供者は一切の責任を負いかねます。個人の責任において使用してください。Jw_cadのサポートは当社ならびに著作権者・データの提供者は一切行っておりません。したがって、ご利用は個人の責任の範囲で行ってください。

操作方法に関する質問は受け付けておりません

使用するコンピュータのハードウェア・ソフトウェアの環境によっては、動作環境を満たしていても動作しない、またはインストールできない場合がございます。当社ならびに著作権者・データの提供者は、インストールや動作の不具合などのご質問は受け付けておりません。本書の内容に関する質問にかぎり、本書専用のFAX質問シートにてお受けいたします（詳細はp.239をご覧ください）。

開封後は返本・返金には応じられません

付録CD-ROMのパッケージを開封後は、付録CD-ROMに収録されているデータの不具合などの理由による返本・返金はいたしません。ただし、本の乱丁・落丁の場合はこの限りではありません。

本書の購入時においての、あきらかな付録CD-ROMの物理的破損によるデータの読み取り不良は、付録CD-ROMを交換いたします。株式会社エクスナレッジ販売部（連絡先は巻末を参照）までお問い合わせください。

本書に掲載している画像について

本書での解説に使用しているブラウザは「Microsoft Edge」です。また、ここでの付録CD-ROMの紹介で使用している画面はWindows 10で、画面表示モード（解像度）は1920×1200です。OSや画面表示モードによっては、本書に掲載している画像と異なる表示の場合もあるので、ご了承ください（Jw_cadの画面は1024×768で解説しています）。

Jw_cadバージョン8.03aをインストールする前に
〜 以前のバージョンのJw_cadをアンインストールする場合の注意点 〜

Jw_cadバージョン8.03aより古いバージョンのJw_cadを使用している場合は、一度、そのJw_cadをアンインストールしてから、付録CD-ROMに収録したバージョンのJw_cadをあらためてインストールすることをお勧めします。なお、アンインストールの前には、自分で作成した図面ファイル・図形ファイル・「jw_win.jwf」などの環境設定ファイル・その他Jw_cad関連データは、必ずすべてバックアップコピーをしておき、付録CD-ROMに収録したJw_cadをインストールした後、元に戻してください。万一、予想外のトラブルで大切なデータを失うことがあっても、当社・筆者・著作権者・データ提供者などの関係者は一切の責任を負いかねます。

付録CD-ROMの内容

付録CD-ROMには、Jw_cadバージョン8.03aのほか、本書での解説に使用した図面データやリンク集を収録しています。本書を読み進めるうえで、適宜、参照してください。なお、それらの図面データは、あくまで本書での解説用に作成したサンプルであり、実務に利用したり、修正を加えて使用した結果について、著者は一切の責任を負えませんので、ご承知ください。

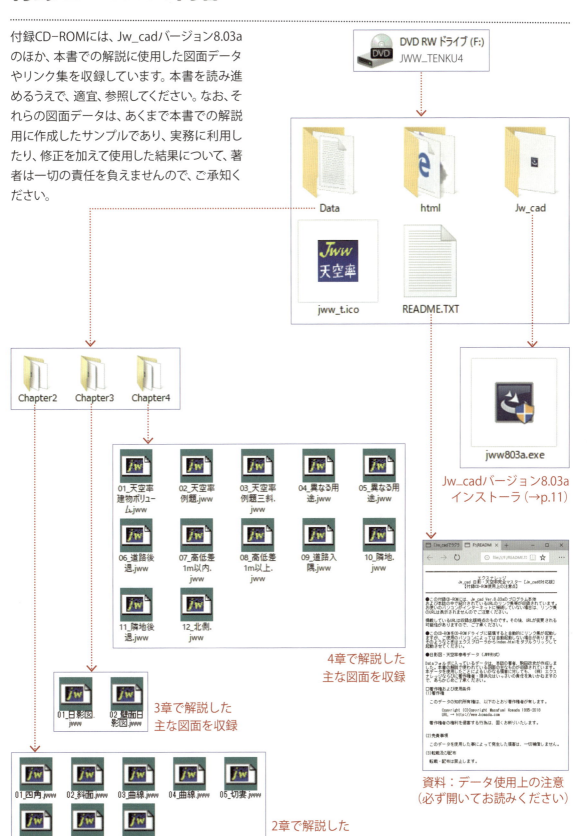

Jw_cadのインストール、起動と終了 (Windows 10での例)

付録CD-ROMをパソコンのCD-ROMを読み取れるドライブにセットすると、パソコンによっては自動的にブラウザ（本書の場合はhtmlデータを閲覧するアプリケーション）が起動して、下図の「Jw_cad 日影・天空率完全マスター［Jw_cad 8 対応版］関連サイト＆ソフト リンク集」のページが開く（開かない場合はp.15を参照）。

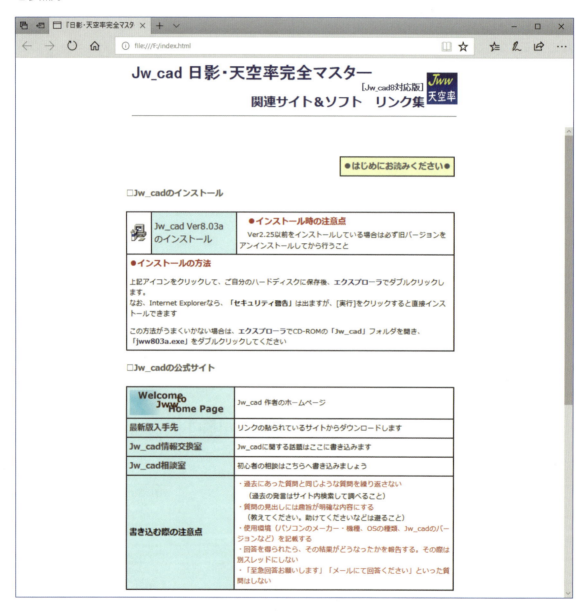

このページの指示に従えば、簡単にJw_cadバージョン8.03aがインストールできるが、最新（本書執筆時点）のパソコンでは、ブラウザが自動起動せず、このページが表示されない場合が多い。特に、Windows 10（Windows 8も含む）搭載のパソコンの購入時ではWindows標準の「スタート画面」が開くので、Jw_cadのインストールがわからないという質問も多い傾向である。
そこでここでは、Windows10の初期状態のパソコンに、Jw_cadバージョン8.03aをインストールする手順を紹介する。

まず、Jw_cadバージョン8.03aをインストールする。

❶

Windows 10のパソコンのCD-ROMを読み取れるドライブに付録CD-ROMをセットして、Windowsのデスクトップの右下に図のメッセージが表示されたら、その部分をマウスで左クリックする。

☞「マウスで左（右）クリックする」などのような説明では、以降は「マウス」の表記を省略する。

❷

図のダイアログが開くので、「フォルダーを開いてファイルを表示」を左クリックする。

❸

「JWW_TENKU4」ウィンドウが開くので、「Jw_cad」フォルダを左ダブルクリックする。

❹

「Jw_cad」ウィンドウが開くので、「jww803a.exe」（または「jww803a」）を左ダブルクリックする。

❺

「ユーザーアカウント制御」ダイアログが開くので、「はい」を左クリックする。

11

❻
「Jw_cad - InstallShield Wizard」ダイアログが開くので、「次へ」を左クリックする。

❼
ダイアログの内容が切り替わるので、「使用許諾契約の条項に同意します」を左クリックして選択し（◉にする）、「次へ」を左クリックする。

❽
ダイアログの内容が切り替わるので、「Jw_cadのインストール先：」が「C:¥JWW¥」の状態で、「次へ」を左クリックする。

❾
ダイアログの内容が切り替わるので、「インストール」を左クリックする。

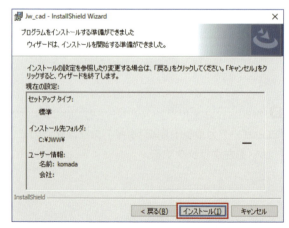

❿
インストールが終わると図の内容に切り替わるので、「完了」を左クリックする。

次に、Jw_cadを起動しやすくするために、デスクトップにJw_cad起動用ショートカットアイコンを作成する。

❶
Windowsのスタートボタンを左クリックする。

❷
「最近追加されたもの」メニューが開くので、「jw_cad」を右クリックして、開くメニューから、「その他」→「ファイルの場所を開く」を左クリックして、選択する。

❸
「Jw_cad」ウィンドウが開くので、「jw_cad」を右クリックして、開くメニューから、「送る」→「デスクトップ（ショートカットを作成）」を選択する。

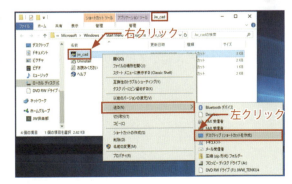

❹

デスクトップに、Jw_cad起動用ショートカットアイコンが作成される。

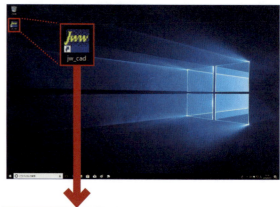

❺

ショートカットアイコンを左ダブルクリックすると、Jw_cadが起動する。

Jw_cadの画面右上にある閉じるボタン×を左クリックすると、Jw_cadが終了する。
なお、本書では、Jw_cadの一般的な操作方法は解説していないので、エクスナレッジ社の既刊書を参照していただきたい。

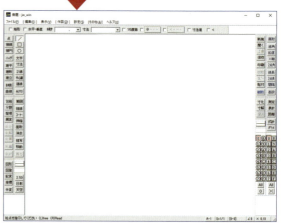

▶ Jw_cadバージョン8.03aの「Direct2D」という機能について

Jw_cad8.03aには、「Direct2D」という機能が搭載されている。これは、線本数の多いデータなどで再描画が速くなるなどの効果があるが、使用しているパソコンによっては、画面が乱れることが報告されている。もし、そのような場合は、下記の手順で「Direct2D」を無効にして使用するとよい。それでも画面などの具合が悪い場合は、付録CD-ROMのJw_cadフォルダ下の「ver711」フォルダにある「ver711inst.pdf」を参考にして、Jw_cadのVer.7.11をインストールして使用することをお薦めする。

「Direct2D」を無効にする方法

❶

Jw_cadを起動し、メニューバーの「表示」→「Direct2D」を左クリックして、チェックを外す（コマンド名の左に付いているチェックマークを消す）。

▶「Jw_cad日影・天空率完全マスター［Jw_cad 8 対応版］関連サイト＆ソフト リンク集」が開かない場合

p.10で紹介している「Jw_cad 日影・天空率完全マスター［Jw_cad 8 対応版］関連サイト＆ソフト リンク集」は、p.11の解説と同様、付録のCD-ROMをパソコンにセットし、p.11の❷で表示されるダイアログの「rundll32.exeの実行」を選択すると、表示される。
あるいは、p.11の❸で表示されるフォルダの「index.html」を左ダブルクリックしても、表示される。

▶ CD-ROMのウィンドウが開かず、インストールできない場合

p.11からの手順で付録CD-ROMのウィンドウが開かず、インストールできない場合は、以下の方法を試していただきたい。

❶
p.11の❶で付録CD-ROMをパソコンにセット後、Windows 10のデスクトップ左下にある「スタートボタン」を右クリックする。

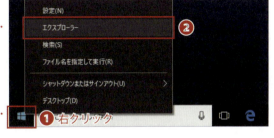

❷
スタートメニューが開くので、「エクスプローラー」を左クリックする。

❸
エクスプローラーが開くので、CD-ROMまたはDVDドライブを左クリックする。

あとは、p.11の❸で以降の手順でインストールできる。

15

▶ Jw_cad作者の公式ホームページから、最新版Jw_cadを入手する方法

付録CD-ROMには、2018年5月現在の最新版のJw_cadバージョン8.03aを収録してある。
しかし、Jw_cadの開発・修正は常に続けられており、Jw_cad作者の公式ホームページには、その時点での最新版のJw_cadがアップロードされている。
ルールやマナーを遵守し、個人の責任で使用することを条件に、これをダウンロードして入手し、使用できる。以下、ダウンロードの手順を紹介するので、適宜ご利用いただきたい。

❶
Windowsパソコンを起動し、「Microsoft Edge」や「Internet Explorer」などのインターネットブラウザを起動する。

❷
Jw_cad作者の公式ホームページ「Welcome to Jww Home Page」（Jw_cadのページ）にアクセスする。URLは、「http://www.jwcad.net/」である。

❸
トップページが表示されるので、「ダウンロード」を左クリックする。

❹
「ダウンロード」のページが表示されるので、上段の「Jw_cadの最新版 Version 8.03a……」の方でダウンロードしてくるサイトを左クリックで選択する。通常は、作者の公式ホームページ「jwcad.net」でよい。

❺
画面下段にダウンロード後の処理を選択するダイアログが開くので、「保存」を左クリックする。

以上で、p.11の❹で説明しているJw_cadのインストーラ「jww803a.exe」と同様のファイルが、所定（使用しているWindowsの環境による）の場所にダウンロードされ、保存される。

1章

日影図と天空率

1・1 日影規制 18
1・2 天空率 26

1章 では、日影図と天空率の概要を解説する。
日影規制は1976年(昭和51年) の法改正で施行され現在に至っている。Jw_cadではDOS版JW_CAD
の頃より日影図の機能を搭載していた。2002年(平成14年) の法改正において、日影規制では測定面の
高さに新たな高さ(6.5m) が加わった。また、同じ改正で斜線制限の緩和として、天空率が導入され、
2003年(平成15年) の施行と同時にJw_cadに天空率の機能が追加されている。日影図と天空率の大き
な違いは、日影は規制であり、天空率は緩和であるということである。つまり、日影図は計画建物が該
当すれば、必ず作成しなければならないが、天空率は緩和規定なので使用する使用しないは、設計者
の判断に委ねられる。ただし、建物を立体的にとらえて検証するという点では似ており、Jw_cadの場
合も同じ手順で建物を作図する。このため本書では、日影図と天空率について、それぞれ解説すると
ともに、建物ボリュームの作成など、同じ手順のものについては同様に扱って解説している。日影図に
ついては、細かな指導や安全側数値に独自の基準を設けている行政もあるが、基本的には統一された
判断がなされている。しかし、天空率については施行より15年を経過しているが、その判断や審査方
法が統一されているとはいえない状況である。実際の作図においては事前に審査機関などと打ち合わ
せながら進めてもらいたい。

1·1 日影規制

日影規制は施行から45年近く経過しているため、現役で建築設計業務を行っている建築士ならば十分理解されていると思うが、ここでは、設計を始めたばかりの人たちを対象に少し説明をしておく。

昭和51年11月15日法律第83号において建築基準法が改正され、日影規制が導入された。導入の背景には、都市部における土地の高度利用化に伴う過密化の傾向で日照紛争その他都市環境を阻害する事態が随所に発生したことがあり、中高層建築物が周囲に落とす日影の時間を制限することで、日照条件の悪化を防ごうとするものである。

規制を受ける地域は、その目的から住居系の地域を中心として考えられている。つまり、都市計画で定められている用途地域のうち、第1種低層住居専用地域・第2種低層住居専用地域・第1種中高層住居専用地域・第2種中高層住居専用地域・第1種住居地域・第2種住居地域・準住居地域・市街化調整区域および近隣商業地域・準工業地域が対象となっている。

規制対象となる建築物は、第1種低層住居専用地域では、軒高が7mを超えるかまたは地上3階以上の建築物で、通常の木造2階建の建築物は対象から除かれている。また、他の対象地域では、高さが10mを超える建築物が規制対象となっており、通常4階以上の建築物がこれに該当する。つまり、日影の影響の大きい中高層建築物に限定して規制対象としている。

なお、商業地域内の建築物であっても、高さが10mを超える建築物は、他の規制地域に影を落とす場合、影を落とす地域の規制を受ける。

1·1·1 日影規制の審査基準

審査基準は、冬至日の真太陽時（次ページ上段のコラムを参照）による午前8時から午後4時まで（北海道においては、午前9時から午後3時まで）の間において、その地域に設けた1.5m、4m、6.5mという高さの水平面（測定面ともいう）に敷地境界線からの距離が5mおよび10mの位置に対して条例で指定した時間以上日影となる部分を生じさせていないかの判断となる。

つまり、日影を測定する高さについては、実際の地面にできる日影ではなく、地面よりその地域に定められた数m高い所を想定して日影の規制を行う。第1種低層住居専用地域の1.5mは、おおむね通常の木造住宅の1階の窓の中心の高さ、その他の地域の4mは木造住宅の2階の窓の中心の高さ、6.5mは3階の窓の中心の高さと想定している。

また、日影規制は、規制値が2つあるように、2段階の規制になっている。まず5mの範囲で建築物が直接隣地に及ぼす影響を規制し、10mの範囲ではこれを超えて広がる日影や他の建物との複合日影を考慮して規制している。

1-1 日影規制

▶ 冬至日の真太陽時

冬至日における現実の太陽の時角にもとづいた時刻のことで、標準時とは異なる。太陽が真南に来たとき（南中時刻という）を正午として表す時刻法である。一般にいう中央標準時（兵庫県明石市の南中時刻を12時とする時刻法であり、いわゆる時計の時刻）とはズレが生じる。ちなみに東京の南中時刻は、明石市より約20分早くなる。

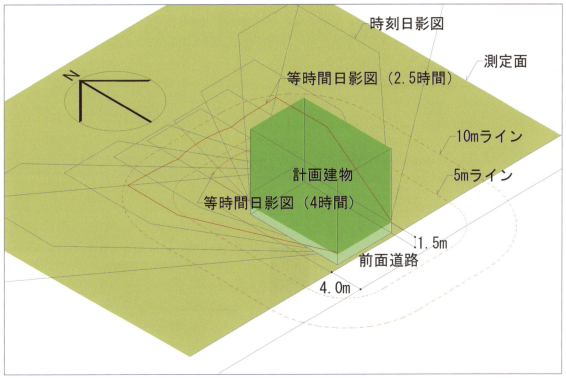

日影規制概念図（第1種・第2種低層住宅専用地域の例）

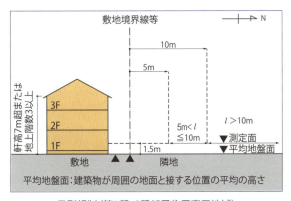

日影規制（第1種・2種低層住居専用地域）
法56条の2第1項、法別表第4

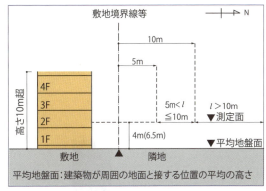

日影規制（第1種・2種中高層住居専用地域、
第1種・2種・準住居地域、近隣商業地域、無指定地区）
法56条の2第1項、法別表第4

1·1·2 日影図と日影時間図

日影図とは各時間ごとの影を作図したもので時刻日影図という。この図面により日影の状況が読み取れる。例えば8時と11時の日影の重なる部分は3時間日影になる部分となる。この日影図を元に、同じ時間だけ日影になる点を結んだものを等時間日影図という。
例えば規制値が4時間・2.5時間と指定されている場合、4時間日影が5m範囲を2.5時間日影が10m範囲を超えてはならない。なお、日影図は太陽方位角方向に（建物の高さ－測定面の高さ）×影の倍率で計算した長さをプロットしながら作図することもできる。

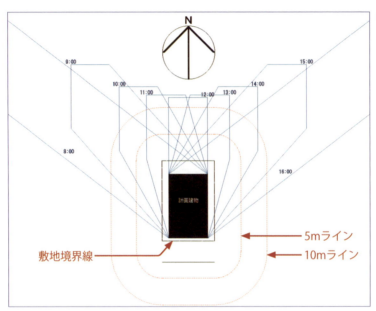

時刻日影図の例

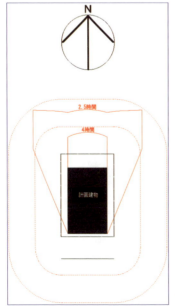

等時間日影図（4時間、2.5時間）の例

参考：北緯36°での冬至の太陽位置と日影長さ

真太陽時	太陽方位角	影の倍率	太陽高度
8：00 16：00	53° 20′	7.220	7° 53′
9：00 15：00	42° 41′	3.289	16° 55′
10：00 14：00	30° 10′	2.232	24° 08′
11：00 13：00	15° 44′	1.813	28° 53′
12：00	0° 0′	1.694	30° 33′

1·1 日影規制

1·1·3 真北

日影規制や北側斜線に使用する真北とは、北極点、つまり、地球の自転軸の北端(北緯90度地点)を指す方位をいう。方位磁石が指す「N」の方向は、必ずしも真北を指さない。磁石が指す北は磁北といい、日本付近では磁北は真北より西を向く。緯度によって5〜10度の偏差があり、北へ行くほど角度は大きくなる。これを磁気偏角といい、東京や大阪、名古屋あたりではおよそ6〜7度、北海道では9度前後、沖縄あたりでは5度前後のようである。

計画敷地の真北を求めるには、太陽が南中する時刻を理科年表などで調べ、その時刻に日時計や下げ振りなどを使い、影を観測する方法や測量会社に依頼したりするが、国土地理院の基盤地図情報を利用し、同サイトの緯度・経度への換算で真北方向角を求めることもできる(p.221参照)。いずれにしても、事前に審査機関と打ち合わせのうえ、方法を決めること。

1·1·4 日影規制の注意事項

日影規制には、敷地条件によって独自の基準が設けられている。「日影が規制の異なる区域にまたがる場合」「敷地の内に2つ以上の建築物がある場合」「敷地が道路、河川に接している場合」「計画敷地が隣地より1m以上低い場合」などである。

また、建物の高さの算定も他の高さ規定とは異なるので、注意が必要である。

1·1·4·1 日影が規制の異なる区域にまたがる場合

- 商業地域に建てる場合にもまったく日影規制を受けないわけではなく、建築物の高さが10mを超え、日影が規制対象地域に落ちる場合には規制の対象となる。
- 測定面または日影規制時間の異なる地域にまたがる日影は、それぞれの地域の規制を受ける。

1·1·4·2 敷地の内に2つ以上の建築物がある場合

- それらを1つの建築物とみなして日影規制が適用される。たとえ日影規制が掛からない高さの建物が別棟としてあっても、その建物も一緒に規制される。

1·1·4·3 敷地が道路や河川に接している場合

●緩和の規定がある。

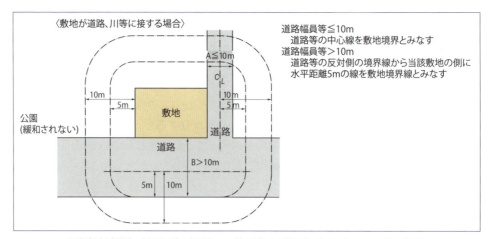

日影規制（道路・水面などの緩和）　　法56条の2第3項、令135条の4の2第1項1号

1·1·4·4 計画敷地が隣地より1m以上低い場合

●緩和の規定がある。

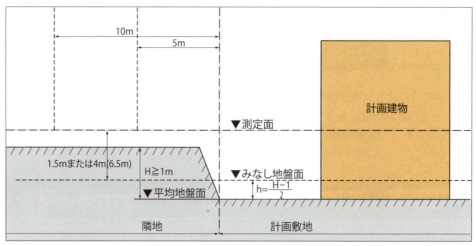

日影規制（隣地が1m以上高い場合）　　法56条の2第3項、令135条の4の2第1項2号

1·1·4·5 建物高さの規定が道路斜線などと異なる場合

- 建築物の高さや軒の高さに算入の規定がある。

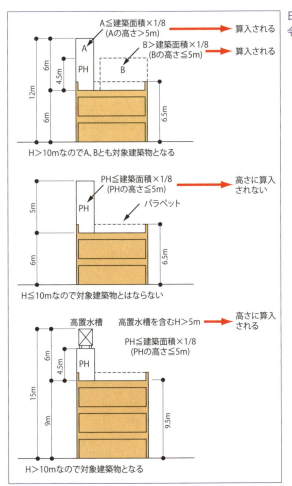

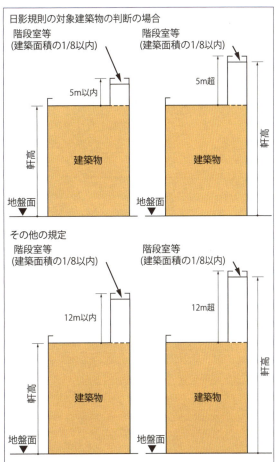

日影規制（軒高の考え方）
令2条第1項6号ロ、令2条第1項7号

1·1·4·6 敷地北側に道路などがある場合は発散方式が有効

敷地が道路などに接する場合の緩和（令135条の12第1項1号）において、道路などの幅が10mを超える場合には、その道路の反対側の境界線から当該敷地側への水平距離が5mの線を敷地境界線とみなすことになっているが、この解釈の仕方には「閉鎖方式」と「発散方式」がある。

閉鎖方式は、「安全側の緩和」とも言われ、敷地境界線の廻りに円を描いたように規制ラインを設定するものである。

発散方式は、「道路などの範囲内に生ずる日影は規制対象から除外する」という基本的な考え方から、敷地の角の点から放射状に発散方向が設定される。発散方式を使ってみなし境界線を求めると、敷地の直面する道路内の部分から両サイドに延び、次第に道路の反対側の境界線に近づいていく形状になる。

また、5mおよび10mの規制ラインの設定も発散方向に沿って水平に測るので、5m規制ラインは、道路幅員が10mを超える場合は道路の反対側の境界線と一致し、道路幅員が10m以下の場合は発散方向による幅が10mを超える位置からは道路の反対側の境界線と一致する。

発散方式を使うと、10m規制ラインの両サイドの制限が大幅に緩和されるので、高層建築物でも、敷地の東西に空地を確保する必要がなくなる場合もある。そのため、発散方式を採用していない特定行政庁もあるので、事前に確認が必要である。

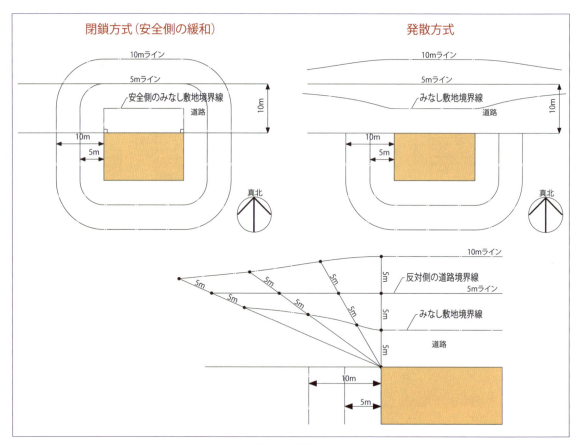

閉鎖方式と発散方式

1·1 日影規制

1·1·5 日影規制関連条文（別表）

日影規制は、昭和51年から施行されているので、紙面の関係上、ここでは関連条文を掲載しないが、参照すべき条文は下記のとおりである。

- 日影による中高層の建築物の高さの制限：法第56条の2、第135条の12
- 建築物が日影時間制限の異なる区域の内外に渡る場合などの措置：令第135条の13
- 面積、高さなどの算定方法：令第2条
- 高架の工作物内および道路内にある建築物の除外：法第57条

なお、平成14年の法改正において、日影規制の測定面の高さに新たな高さ（6.5m）が加わった。

別表第4　日影による中高層の建築物の制限（第56条、第56条の2関係）

(い)	(ろ)		(は)	(に)		
地域又は区域	制限を受ける建築物		平均地盤面からの高さ		敷地境界線からの水平距離10m以内の範囲における日影時間	敷地境界線からの水平距離10mを超える範囲における日影時間
1 第一種低層住居専用地域又は第二種低層住居専用地域	軒の高さが7mを超える建築物又は地階を除く階数が3以上の建築物		1.5m	(1)	3時間（道の区域にあっては2時間）	2時間（道の区域にあっては1.5時間）
				(2)	4時間（道の区域にあっては3時間）	2.5時間（道の区域にあっては2時間）
				(3)	5時間（道の区域にあっては4時間）	3時間（道の区域にあっては2.5時間）
2 第一種中高層住居専用地域又は第二種中高層住居専用地域	高さが10mを超える建築物		4m又は6.5m	(1)	3時間（道の区域にあっては2時間）	2時間（道の区域にあっては1.5時間）
				(2)	4時間（道の区域にあっては3時間）	2.5時間（道の区域にあっては2時間）
				(3)	5時間（道の区域にあっては4時間）	3時間（道の区域にあっては2.5時間）
3 第一種住居地域、第二種住居地域、準住居地域、近隣商業地域又は準工業地域	高さが10mを超える建築物		4m又は6.5m	(1)	4時間（道の区域にあっては3時間）	2.5時間（道の区域にあっては2時間）
				(2)	5時間（道の区域にあっては4時間）	3時間（道の区域にあっては2.5時間）
4 用途地域の指定のない区域	イ	軒の高さが7mを超える建築物又は地階を除く階数が3以上の建築物	1.5m	(1)	3時間（道の区域にあっては2時間）	2時間（道の区域にあっては1.5時間）
				(2)	4時間（道の区域にあっては3時間）	2.5時間（道の区域にあっては2時間）
				(3)	5時間（道の区域にあっては4時間）	3時間（道の区域にあっては2.5時間）
	ロ	高さが10mを超える建築物	4m	(1)	3時間（道の区域にあっては2時間）	2時間（道の区域にあっては1.5時間）
				(2)	4時間（道の区域にあっては3時間）	2.5時間（道の区域にあっては2時間）
				(3)	5時間（道の区域にあっては4時間）	3時間（道の区域にあっては2.5時間）

この表における平均地盤面からの高さとは、当該建築物が周囲の地面と接する位置の平均の高さにおける水平面からの高さをいうものとする。なお、道とは「北海道」の意味。「道路上」という意味ではないので間違わないように。

1·2 天空率

1·2·1 天空率とは

ここでは、天空率の概要を解説する。天空率関係の条文は難解でわかりにくいので、用語はできるだけわかりやすく簡略化して表現している。

1·2·1·1 天空率と法規改正の背景

天空率とは平成15年1月から施行された建築基準法の高さ制限（斜線制限）の緩和規定の評価基準である（天空率の物理量や幾何学的な定義については次ページ参照）。建築基準法の高さ制限は、いくつかの改正を経て現在に至っているが、そもそも高さ制限の考え方は「最低限の日照・採光・通風を確保するため決められた基準に基づき建物の高さを制限する」という仕様規定型の制限であった。平成12年の大改正時に、単体規定が仕様規定から性能規定に移行し、集団規定にも性能規定の考え方を導入したのがこの天空率といえる。つまり、天空率は「斜線制限の性能規定」である。天空率により、

● 採光の確保　採光とは直接の太陽光ではなく曇天時の光であり、天空の量に影響される
● 通風の確保　市街地環境では隣地との空隙が少ないため、通風に影響が出る
● 開放度の確保　建築物などから感じる圧迫感で、隙間なく建てられた街並みや高層化に影響される

の3つが評価され、計画建物（計画建築物）の天空率が現行の高さ制限に適合した建築物（以下、適合建物（適合建築物）という）の天空率以上であれば、現行の高さ制限によって確保されている採光、通風などが同程度以上であると判断される。なお、天空率は緩和規定であるため、天空率を使わずに現行の高さ制限で計画してもかまわない。

1·2·1·2 天空率を使用した建物のメリット

天空率を使用すると、建築計画上、次のようなメリットが生まれる。

【斜線制限による計画よりも建物の高さを高く計画することが可能になる】
● 斜線制限のために利用できなかった容積率を、有効に使うことが可能になる。

【斜線制限によって切り取られた不整形な建物を整形な形状に計画できる】
● デザイン、計画の自由度が増える。
● 構造計画の単純化（合理化）によるコスト削減（セットバック（壁面後退）による斜めの柱や梁を設けなくてよくなる）。

道路斜線制限で計画した建物：上階がセットバックしている

天空率を使用した計画建物：上階のセットバックがない

1・2・1・3　天空率の規定内容と定義

天空率は、建築基準法（以下「法」）（平成15年改正）第56条第7項で、「斜線制限によって得られる採光・通風などと同程度以上の採光・通風などが得られれば、現行の斜線制限の適用を除外する」となっており、「確保される採光・通風などの程度の指標」として建築基準法施行令（以下「令」）第135条の5に規定されている。以下は、天空率の物理的な量と幾何学的な定義および概念図である。

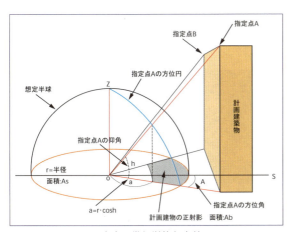
天空率の幾何学的な定義

天空率 $Rs = (As － Ab)/As$
As：想定半球（地上のある位置を中心とした水平面上に想定する半球）の水平投影面積
Ab：建築物とその敷地の地盤をAsと同一の想定半球に投影した投影面の水平投影面積

天空の割合(%)
視界を遮る物が何一つない状態では、天空率100%となる

この斜線部分の面積比較で各天空率算定位置において、計画建築物の方が大きければ、斜線制限を受けずに建築可能となる

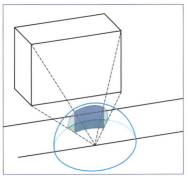
天空率算出時の正射影面積の概念

天空率の算出

下図は、前ページの上図に示した計画建築物の天空率イメージである。
適合建築物と計画建築物それぞれの天空率を算定ポイントごとに計算し、すべての算定ポイントにおいて計画建築物の天空率が適合建築物以上であれば、現行の高さ制限を受けないで計画できるとされている。

適合建築物の天空率 ≦ 計画建築物の天空率　＊1

なお、天空率によって緩和される斜線制限は、「道路斜線（令第135条の6）」「隣地斜線（令第135条の7）」「北側斜線（令第135条の8）」であり、都市計画制限による高度地区などの高さ規制については適用外である。

＊1　条文上は「≦（以上）」となっているので、適合建築物と計画建築物の天空率が同じ値でもよいことになるが、たとえば東京都の場合、適合建物の天空率より計画建築物の天空率が0.02％以上大きいことが条件となっている。

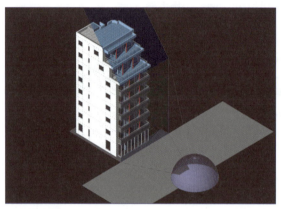

道路斜線制限で計画した建物を含んだ適合建築物の天空率算定イメージ

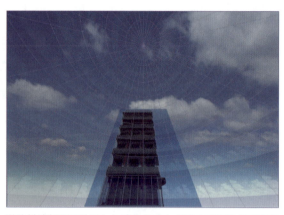

道路斜線制限で計画した建物を含んだ適合建築物を天空率算定位置から見たイメージ

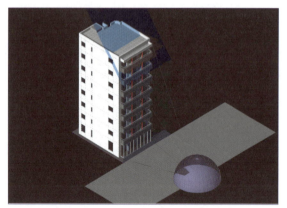

道路斜線制限を含んだ計画建築物の天空率算定イメージ

道路斜線制限を含んだ計画建築物を天空率算定位置から見たイメージ

1·2·1·4 天空率を使う際の注意点

これまでの内容から、「天空率を使えば、容積率ぎりぎりまでの建物が計画できる」とか、「建物の高さをさらに高くできる」と思われがちになるのだが、天空率は、さまざまな条件の違いによって、その状態が変わってくることを理解してほしい。特に、敷地の形態や道路の条件によって変化する。

また、天空率に対する行政側の解釈も統一されていない部分があり、そのため、天空率を使う計画の場合は、必ず、確認申請を提出する審査機関や行政と事前に打ち合わせを行ってから計画を進めるようにすることが必要である。

さらに、天空率の計算にはコンピュータ（パソコン）が必要となり、現実的には、天空率が計算できるアプリケーションソフトで作成することになる。このことは、審査する側にとっても同様で、日影図のように、チャートなどだけで判断することはできないため、審査するための資料の提出が増える傾向にあるようだ。

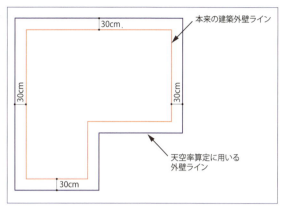

行政によっては計画建築物に安全率を多くとる指導を行っている

1·2·1·5 天空率算定の原則

❶ 天空率算定における天空図の半径は自由

● 天空図の半径の数値は、天空率に影響を及ぼさない。

天空率は面積比（面積を比較した割合）なので、天空図を作図する半径がいくつであっても、数値は同じになる。

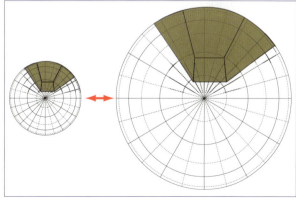

天空図の大きさが違っても天空率の数値は同じになる

❷ 計画建築物と適合建築物の天空率を比較して算定

- 建築物は、道路高さ制限・隣地高さ制限・北側高さ制限により、複合的な高さ制限を受けることになるが、天空率により採光・通風などが同程度以上確保されていることを判断する上で、それぞれの適合建築物の天空率と比較することが必要になる。

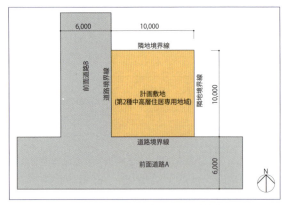

複合的な高さの制限を受ける計画建築物の例
（第2種中高層住居専用地域の場合）

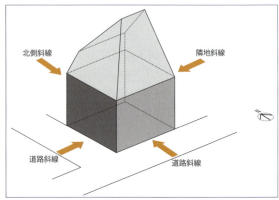

左図のボリュームイメージ
一般に、計画敷地には道路斜線・北側斜線・隣地斜線を受けたボリュームになる。この例では道路斜線と北側斜線によって形状が決まってしまい、隣地斜線の影響は受けていない

例えば、2方向以上から高さが制限される場合には、それぞれの方向ごとに、適合建築物を想定しなければならない（天空率はそれぞれの算定する位置において個々に算定する）。
適合建築物は、道路・隣地・北側からそれぞれ独立して制限されたものとする。つまり、道路・隣地・北側のいずれかについて天空率を適用し、その他は現行の斜線制限を適用することもできる。ただし、道路の一部・隣地の一部・北側の一部に限って適用することはできない（法第56条第7項）。
[参考]令第135条の6第1項第1号、第135条の7第1項第1号、第135条の8第1項。

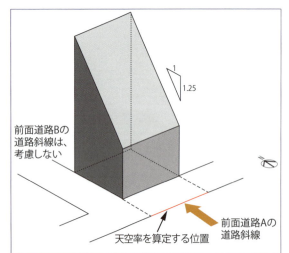

前面道路Aの算定に用いる道路斜線適合建築物の形態

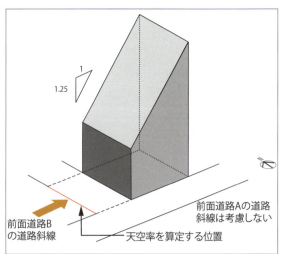

前面道路Bの算定に用いる道路斜線適合建築物の形態

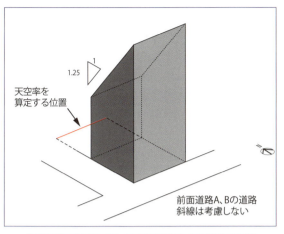

北側斜線の算定に用いる北側斜線適合建築物の形態

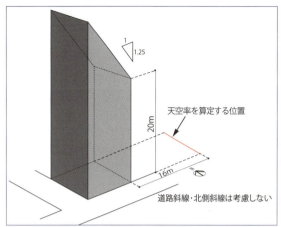

隣地斜線の算定に用いる隣地斜線適合建築物の形態

❸ 天空率は道路斜線の適用範囲内で算定

● 天空率の算定は、高さ制限が適用される範囲内に限定する。

法第56条で、道路斜線は地区または区域によって定められている適用範囲内（法別表第3（は）欄の前面道路の反対側の境界線からの距離（20～50m）をいう）の建築物の部分に適用され、北側斜線と隣地斜線は地区または区域内の建築物の部分に適用される。

［参考］令第135条の6第1項第1号、第135条の7第1項第1号、第135条の8第1項、法別表第3。

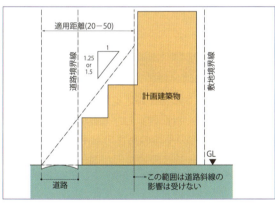

道路斜線制限による計画建築物

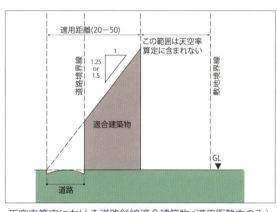

天空率算定における道路斜線適合建築物（適用距離内のみ）

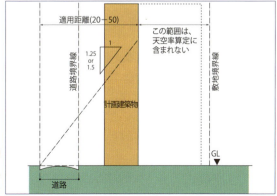

天空率算定における計画建築物
適用範囲外に建物があっても
天空率の算定は適用距離内のみで行う

❹ 天空率算定から除外する階段室・棟飾など

- 道路斜線や隣地斜線制限では、階段室・棟飾などの水平投影面積の合計が建築面積の1/8以内、高さが12mまでは建築物の高さには算定されないが、天空率の算定における適合建築物にもこれらを含めないで算定する。ただし計画建物では階段室・棟飾などを含めて天空率に算定する。
  [参考] 令第135条の6第1項第1号、第135条の7第1項第1号、第135条の8第1項。

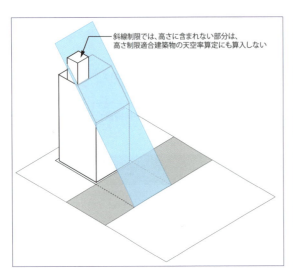

適合建築物
階段室などは含まない

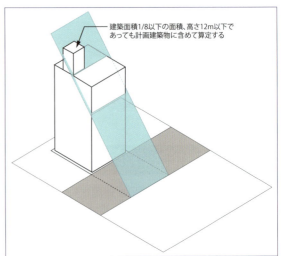

計画建築物
建築面積1/8以下、高さ12m以下であっても、計画建築物に含めて算定する

❺ 隣地斜線適合建築物および北側斜線適合建築物の地盤面の天空率算定

- 計画建築物は、隣地または北側斜線適合建築物と同一の地盤面の高さにある算定位置で天空率を算定する（計画建築物および高さ適合建築物の地盤面を同一とする）。なお、計画建築物が周囲の地面と接する位置の高低差が3mを超える場合、地盤面はその高低差3m以内ごとの平均の高さの水平面となり、2つ以上の地盤面が存在することになるが、この場合においても各部分ごとの地盤面が同一となるように想定しなければならない。
  [参考] 令第135条の7第1項第1号、第135条の8第1項。

❻ 壁面後退（セットバック）した場合の道路斜線適合建築物と計画建築物の天空率算定

- 適合建築物を壁面後退したものとして天空率を算定する場合、壁面後退緩和措置を適用した適合建築物となるため、計画建築物についても適合建築物の後退距離以上後退させる（道路または隣地高さ制限に限る）。言い換えると、壁面後退緩和措置を適用した適合建築物は計画建築物の後退距離までのどの位置にも設定できるということである。
  [参考] 令第135条の6第1項2号、第135条の7第1項2号。

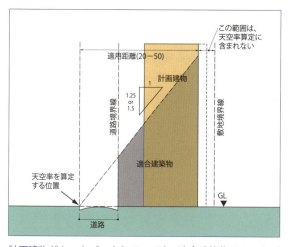
計画建物がセットバックしていても、適合建築物はセットバックしなくても可

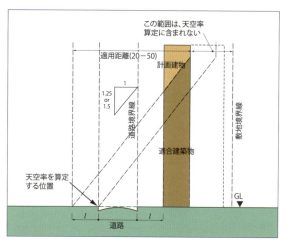
計画建築物が距離 l だけセットバックしていても道路斜線適合建築物は距離 l 以内のどこに設定しても可

❼ 制限勾配が異なる地域にわたる場合の天空率算定

- 制限勾配が異なる2つの地域にわたる場合は地域ごとに建築物の部分を分けて天空率を算定する。
  ［参考］令第135条の6第2項、第135条の7第2項、第135条の8第2項。

用途地域が異なっても制限勾配が同じ場合は建築物を分割する必要はない。また、道路斜線の適用距離が異なる場合は建築物の部分を限定する範囲が変わるのみであり区域を分ける必要はない。

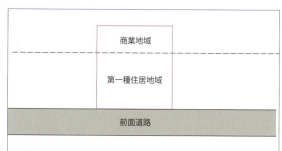
敷地が2つの地域に分かれている例

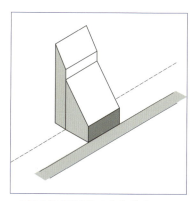
上図の適合建築物の全体ボリューム

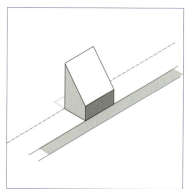
同、第一種住居地域の部分

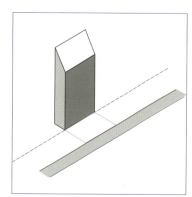
同、商業地域の部分

❽ 住居系用途地域・前面道路12m以上・制限勾配が異なる区域に渡る敷地の場合の天空率算定

- 住居系用途地域（低層住居専用地域を除く）で前面道路が12m以上ある場合、前面道路の幅員の1.25倍を超える区域においては、制限勾配を1.25から1.5に緩和することとされている。この場合も、制限勾配が異なる区域ごとに建築物の部分に分けて、天空率の算定を行う。

区域Aと区域Bに分けて算定する

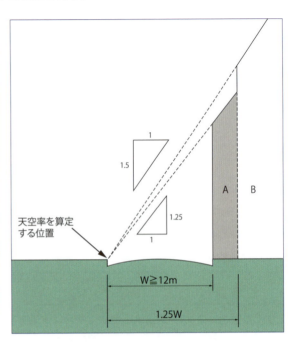

❾ 住居系用途地域・前面道路12m以上・壁面後退（セットバック）した場合の天空率算定

- 計画建築物が後退した場合は、勾配1.5の適用区域は後退してもしなくてもよい（選択制）。

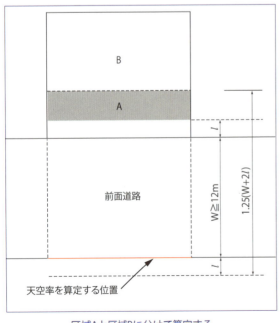

区域Aと区域Bに分けて算定する

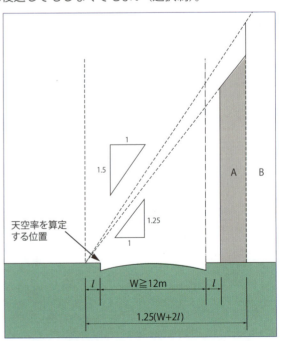

❿ 2つ以上の前面道路がある場合の天空率算定

- 区域ごとに計画建築物および道路斜線適合建築物を部分分けして、それぞれの部分ごとに天空率を算定・比較する。

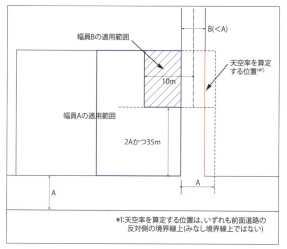

2つ以上の前面道路がある敷地の例（配置図）

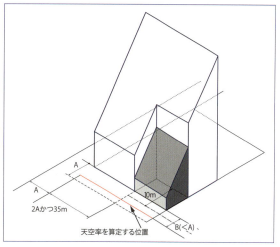

2つ以上の前面道路がある敷地の例（アイソメ図）

例えば、敷地の外周のすべてが道路である場合で、いずれの幅員も異なる場合には、最小幅員の道路においては4つの区域ごとに幅員が異なる道路斜線を受けることになる（下図および次ページの図を参照）。
　［参考］令第135条の6第3項。

▶ 天空率を算定する位置はいずれも前面道路の反対側の境界線上

道路斜線制限において、2つ以上の前面道路がある建築物の算定位置については、建築物の敷地の当該区域ごとの前面道路に面する部分の両端から最も近い当該前面道路の反対側の境界線上に作図する。
　［参考］令第135条の9第3項。

敷地の外周のすべてが道路である場合の最小幅員の道路例（配置図）

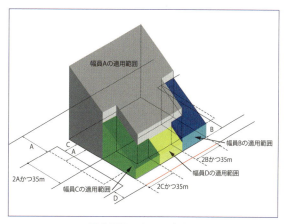

最小幅員における全体図

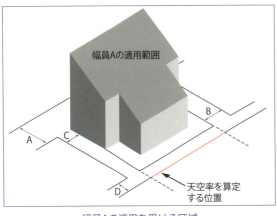
幅員Aの適用を受ける区域

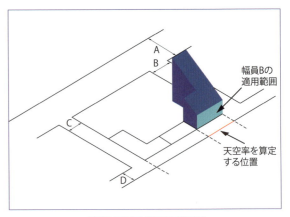
幅員Bの適用を受ける区域

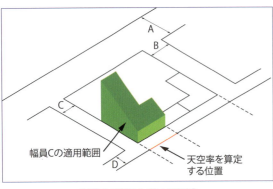
幅員Cの適用を受ける区域

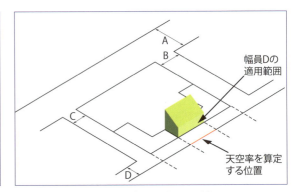
幅員Dの適用を受ける区域

⑪ 計画建築物が周囲の地面と接する位置の高低差が3mを超える場合の天空率算定

- 計画建築物が周囲の地面と接する位置の高低差が3mを超える場合は、接する位置の高低差が3m以内となるように敷地を区分する。

 ［参考］令第135条の7第3項、第135条の8第3項関係、第135条の10第3項、第135条の11第3項。

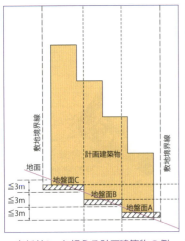
高低差3mを超える計画建築物の例

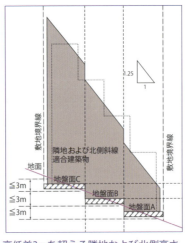
高低差3mを超える隣地および北側高さ制限適合建築物

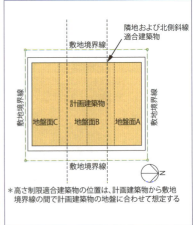
配置図

1・2 天空率

隣地および北側斜線適合建築物は、敷地が区分された区域ごとに、計画建築物の地盤面と同一の地盤面となるように想定する。天空率の算定・比較は、隣地および北側斜線適合建築物と計画建築物のそれぞれを、区分された区域ごとに分けて行う。[参考] 令第135条の6第3項。

計画建築物		隣地および北側斜線適合建築物
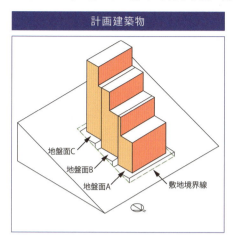	全体イメージ	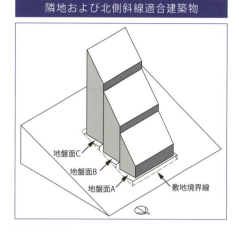
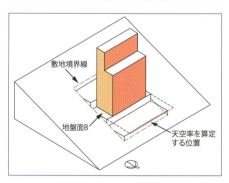	地盤Aの部分	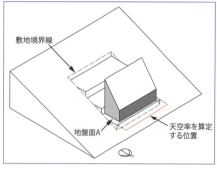
	地盤Bの部分	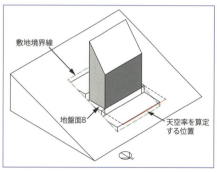
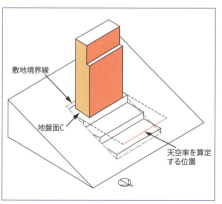	地盤Cの部分	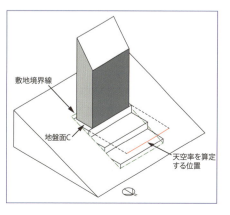

37

⑫ 天空率算定の位置と高さ

▶ 道路斜線の場合

【算定の基準】
- 計画建築物の敷地の前面道路に面する部分の両端から最も近い当該前面道路の反対側の境界線上で、前面道路幅員の2分の1以内の間隔で均等に作図した位置。
- 高さは、前面道路の路面の中心の高さ。
  [参考] 法第56条第7項第1号、令第135条の9第1項第1号、第2号。

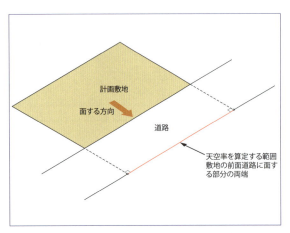
道路高さ制限の場合の天空率を算定する位置

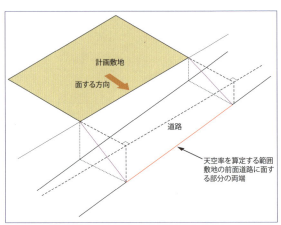
敷地と前面道路に高低差がある場合の天空率を算定する位置

例》

【算定の条件】
前面道路幅員＝6m
道路に面する敷地長さ＝15m

【算定位置の計算方法】
前面道路の幅員の2分の1以内の均等作図なので、上記の算定の条件では、
（前面道路幅員の）6m÷2＝3m
（道路に面する敷地長さの）15m
　÷（上式の解）3m＝5

以下の計算方法から、15m÷5＝3mの間隔で、道路に面する敷地の両端を含む6カ所に作図することになる。
例えば、道路に面する敷地長さが14.7mの場合は、
（道路に面する敷地長さの）14.7m÷3m＝4.9
となるが、分割数は整数なので上記の例と同じ5となり、14.7m÷5＝2.94mの間隔で、道路に面する敷地の両端を含む6カ所に作図することになる。

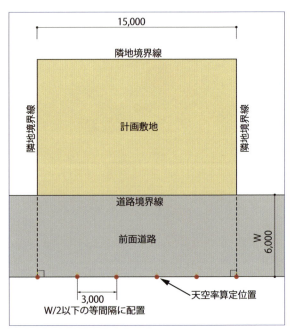
道路高さ制限の場合の天空率を算定する位置

▶ 隣地斜線の場合

【算定の基準】
- 隣地境界線からの水平距離が16m（商業地域は12.4m）、外側の線上を8m以内（商業地域は6.2m以内）の間隔で、均等に作図した位置。
- 高さは、建築物の敷地の地盤面の高さ。
  ［参考］法第56条第7項第2号、令第135条の10第1項第1号、第2号。

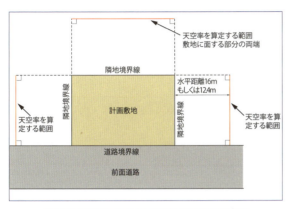
隣地高さ制限の場合の天空率を算定する位置

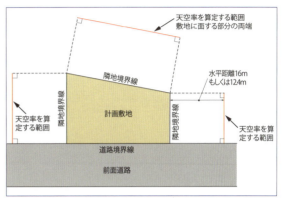
敷地が変形している場合の天空率を算定する位置

例》

【算定の条件】
　用途地域＝商業地域以外　　敷地条件＝幅30m×奥行21m

【算定位置の計算方法】
敷地幅は、隣地境界線から水平距離16m外側の線上を8m以内の間隔での均等作図なので、上記の算定の条件では、

　（敷地幅の）30m÷8m＝3.75　　※ 分割数は整数なので4
　（敷地幅の）30m÷（上式の解）4＝7.5m

分割数は整数なので4となり、30m÷4＝7.5mの間隔で、隣地境界に面する敷地の両端を含む5カ所に作図することになる。

同様に、敷地奥行は、7mの間隔で、隣地境界に面する両端を含む4カ所に作図することになる。

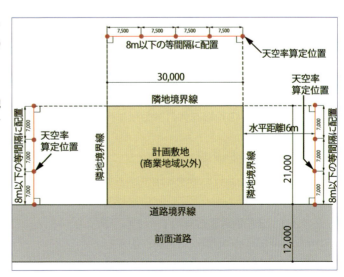
隣地高さ制限の場合の天空率を算定する位置

▶ 北側斜線の場合

【算定の基準】

- 隣地境界線から真北方向の水平距離が、低層住居専用地域内では4m外側の線上を1m以内の間隔で均等作図した位置で、中高層住居専用地域内では8m外側の線上を2m以内の間隔で、均等作図した位置。
- 高さは、建築物の敷地の地盤面の高さ。
  ［参考］法第56条第7項第3号、
  　　　　令第135条の10第1項第1号　第2号。

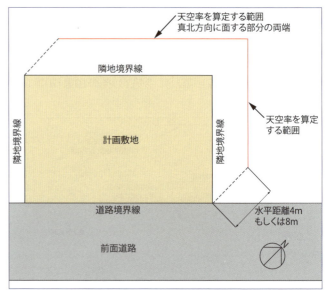

北側高さ制限の場合の天空率を算定する位置

例》

【算定の条件】

用途地域＝第二種低層住居専用地域
敷地条件＝幅11.5m×奥行8.5m

【算定位置の計算方法】

隣地境界線から真北方向の水平距離4m外側の線上を1m以内の間隔で均等作図なので、上記の算定の条件では、

　　（敷地幅＋敷地奥行11.5m＋8.5mの）
　　　20m÷1＝20

敷地幅・敷地奥行それぞれで計算しないでトータルの長さを等分すること。

したがって、20m÷20＝1mの間隔で、北側に面する敷地境界の両端を含む21カ所に作図することになる。
例えば、敷地幅が8.6mの場合は、

　　（敷地幅＋敷地奥行8.6m＋8.5mの）
　　　17.1m÷1＝17.1

したがって、分割数は整数なので18となり、17.1m÷18＝0.95mの間隔で、北側に面する敷地境界の両端を含む19カ所に作図することになる。

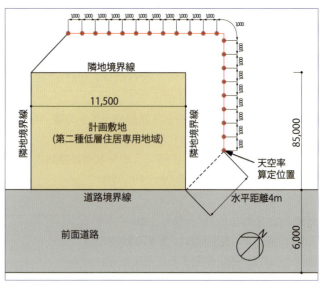

北側高さ制限の場合の天空率を算定する位置

⓭ 制限勾配が異なる2つの地域などにわたる場合の天空率算定

● 制限勾配または制限高さの異なる地域ごとに、敷地の部分に分けて算定する。

なお、道路斜線・隣地斜線・北側斜線について、以下のような規定がある。
　［参考］令第135条の9第2項、第135条の10第2項、第135条の11第2項。

【道路斜線】
● 高さの制限として、水平距離に乗ずべき数値が異なる場合。
● 斜線勾配が異なる2つの地域・地区・区域にわたる場合。
● 住居系用途地域で前面道路が12m以上ある場合に、異なる制限勾配緩和区域が存在する場合。

【隣地斜線】
● 斜線勾配が異なる2つの地域・地区・区域にわたる場合。

【北側斜線】
● 高さの限度として加える高さ（5mもしくは10m）が異なる2つの地域にわたる場合。

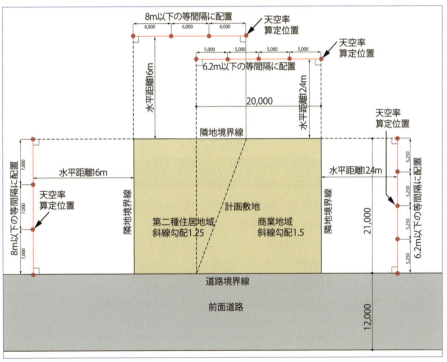

隣地高さ制限の例

⑭ 道路面と敷地の地盤面に高低差がある場合の天空率算定

- 敷地の地盤面が前面道路の路面の中心の高さより1m以上高い場合においては、当該高低差から1mを減じたものの2分の1だけ高い位置とする。
- 特定行政庁が、地形の特殊性により上記の規定をそのまま適用することが著しく不適当であると認め、規則で、上記の規定する高さと建築物の敷地の地盤面の位置との間において適当と認める高さに定めている場合は、その高さとする。

なお、前面道路と建築物の敷地の地盤面に高低差がある場合、適合建築物と計画建築物の天空率を同一条件で評価するため、建築物の敷地の地盤を含めて天空率の算定・比較を行う（下図の※印の部分）。

[参考] 令第135条の9第4項、第5項。

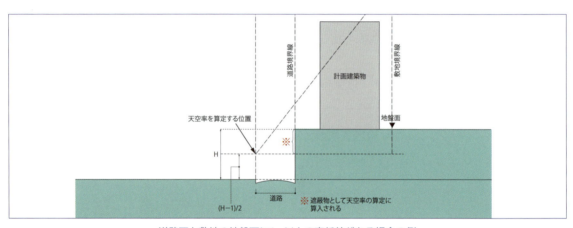

道路面と敷地の地盤面に1m以上の高低差がある場合の例

⑮ 隣地と敷地の地盤面に高低差がある場合の天空率算定

- 当該建築物の敷地の地盤面が隣地の地盤面より1m以上低い場合においては、当該高低差から1mを減じたものの2分の1だけ高い位置とする。
- 特定行政庁が、地形の特殊性により上記の規定をそのまま適用することが著しく不適当であると認め、規則で当該建築物の敷地の地盤面の位置と隣地の地盤面の位置との間において適当と認める高さに定めている場合は、その高さとする。

[参考] 令第135条の10第4項、第5項、第135条の11第4項、第5項。

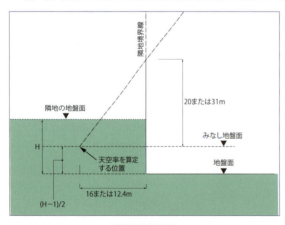

隣地斜線の例

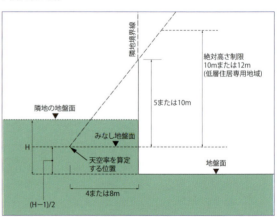

北側斜線の例

1·2·2 東京都方式と日本建築行政会議(JCBA)方式について

天空率の具体的な運用については、関連法規の施行直後に体系化された考え方(東京都方式)が、実質的な基準としてスタートした。しかし、それまでの斜線制限の扱いや、関連条文に対する見解・地域性などの違いにより、判断にさまざまなバリエーションも生まれた。

施行後15年が経過した現在では、東京都方式をはじめ、バリエーションは存在するものの、日本建築行政会議(JCBA(Japan Conference of Building Administration))の編集による「建築確認のための基準総則・集団規定の適用事例」(最新は2017年度版)に記載されている見解(JCBA方式)が、確認審査機関で実質的な判断基準となっているようである。

本書では、JCBAの見解をもとにして解説を試みているが、これまでの実質的な基準とされてきた東京都方式とJCBA方式の違いがどこにあるのか、簡単に解説する。

1·2·2·1 隣地越しの敷地の道路斜線 ① 境界線が非直交

道路斜線が道路境界線のみに適用されるのか、隣地越しに道路に面する部分にも適用されるか、という点の判断の違いにより、天空率の扱いも変わる。

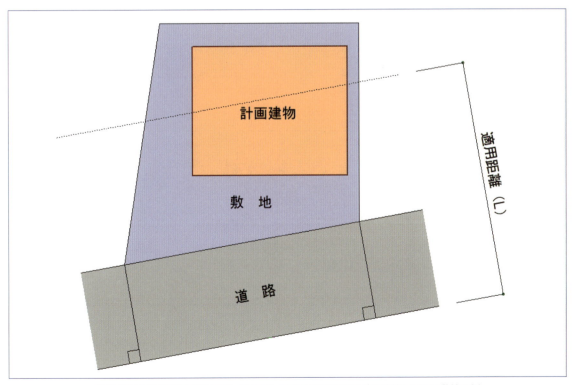

隣地境界線が道路境界線に対して直交しておらず道路斜線が隣地越しになる敷地の例

▶ 東京都方式

算定点は、道路境界線の両端間が範囲になる。
道路境界線に対して直交する線より外側の敷地や計画建物は、計算対象外となる。

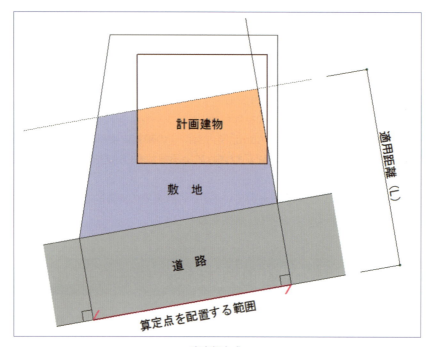

東京都方式

▶ JCBA方式

算定点は、敷地の道路に面する範囲になる。
適用距離により、算定点の範囲は変わる。

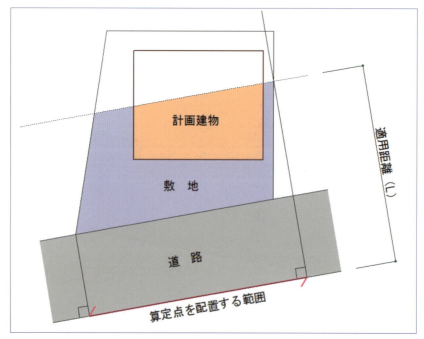

JCBA方式

1·2·2·2　隣地越しの敷地の道路斜線　②路地状

路地状敷地の場合も、隣地越しに道路に面する部分の扱いに違いがある。
どちらの方式の場合も、路地状部分の形状や長さによっても変わるので、注意する。

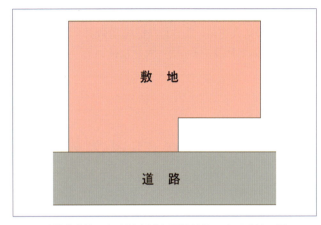
路地状敷地のため道路斜線が隣地越しになる敷地の例

▶ 東京都方式
算定点は、道路境界線の両端間が範囲になる。

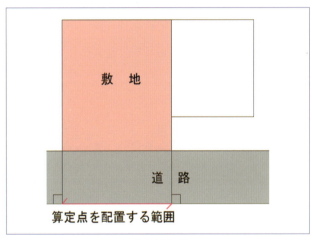
東京都方式

▶ JCBA方式
算定点は、敷地の道路に面する範囲になる。

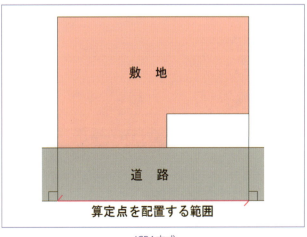
JCBA方式

1·2·2·3　入隅部に道路がある敷地の道路斜線

敷地の入隅部に道路がある場合、道路斜線の入隅部の考え方は、区分した区域で計算するか、全体で計算するかが、大きな違いである。

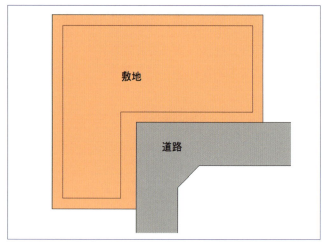

入隅部に道路のある敷地の例

▼ 東京都方式

入隅角度の1/2で区分して、区域を設定する。

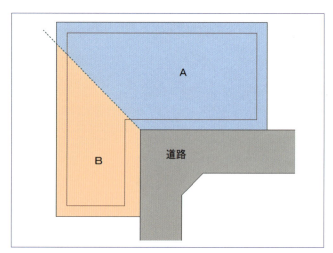

東京都方式

そして、2つの区分ごとに、それぞれで計算する。

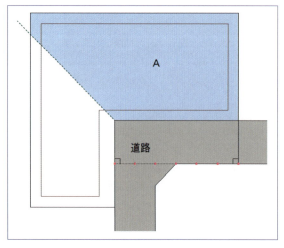
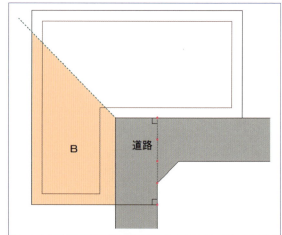

▶ **JCBA方式**

敷地を区分せず、全体を1つの区域で計算する。

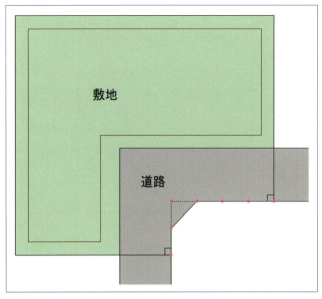

JCBA方式

1·2·2·4 敷地の隣地境界線が入隅の場合

敷地の隣地境界線が入隅になっている場合は、東京都方式もJCBA方式も、入隅角度の1/2で区分して区域を設定する。
東京都方式は算定点ごとに計画建築物と適合建築物を設定するが、JCBA方式は区域ごとに設定する。

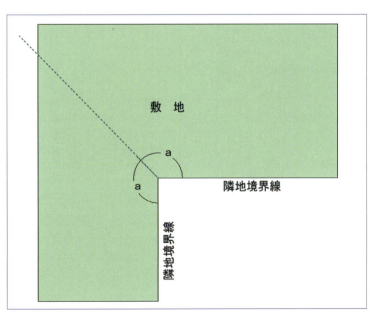

入隅角度の1/2で区分して区域を設定する

▶ 東京都方式

算定点ごとに、計画建築物、適合建築物を設定する。

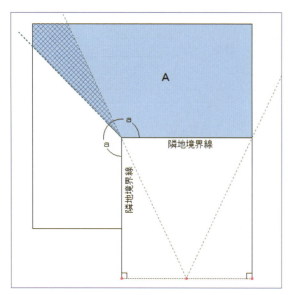 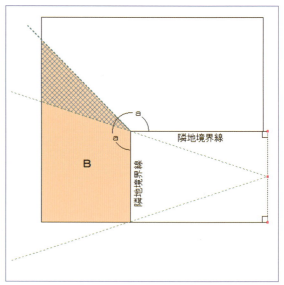

東京都方式

▶ JCBA方式

区域ごとに、計画建築物、適合建築物を設定する。

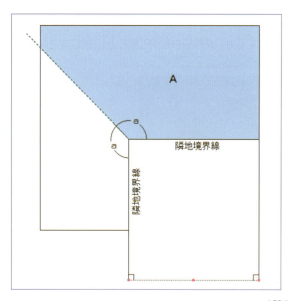 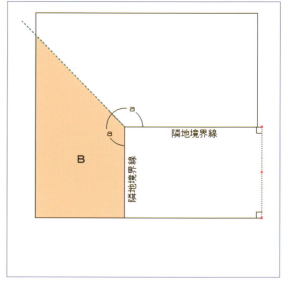

JCBA方式

1·2·2·5 安全率

当初、東京都方式の考え方のなかで、近接点の三斜計算による天空率差分は0.02%以上という目安が示され、実質的な基準となっていた。
しかし、もともと天空率の三斜計算そのものが安全側で計算することもあり、0.02%以上の数値上のクリアランスを適否の基準とせず、「設計側及び審査側双方が理解した上で、適宜判断するものとする」としている。

▶ 安全率を考慮した三斜計算（Jw_cadのサンプルファイルより）

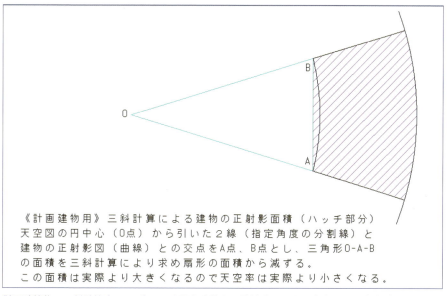

《計画建物用》三斜計算による建物の正射影面積（ハッチ部分）
天空図の円中心（O点）から引いた2線（指定角度の分割線）と
建物の正射影図（曲線）との交点をA点、B点とし、三角形O-A-B
の面積を三斜計算により求め扇形の面積から減ずる。
この面積は実際より大きくなるので天空率は実際より小さくなる。

計画建築物の三斜計算（Jw_cad）　天空図を内接して計算することで実際より天空率が小さくなる

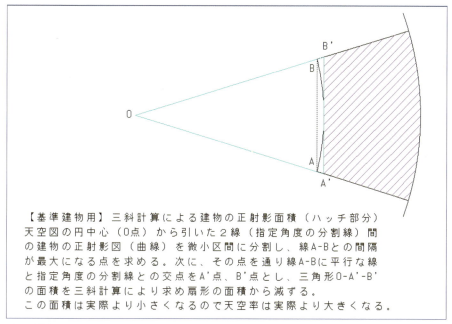

【基準建物用】三斜計算による建物の正射影面積（ハッチ部分）
天空図の円中心（O点）から引いた2線（指定角度の分割線）間
の建物の正射影図（曲線）を微小区間に分割し、線A-Bとの間隔
が最大になる点を求める。次に、その点を通り線A-Bに平行な線
と指定角度の分割線との交点をA'点、B'点とし、三角形O-A'-B'
の面積を三斜計算により求め扇形の面積から減ずる。
この面積は実際より小さくなるので天空率は実際より大きくなる。

計画建築物の三斜計算（Jw_cad）　天空図を外接して計算することで実際より天空率が大きくなる

1·2·3　天空率の特性とメリット

1·2·3·1　天空率の特性

まず、天空図のメリットを考える上で、道路斜線制限における天空率（天空図）の特性を再考してみる。敷地と同じ大きさで道路斜線制限一杯の建物（道路斜線適合建築物）と計画している建物（計画建築物）を敷地に重ねて建ててみる。それを測定点上から見た時に、どのようなシルエットになるかのイメージである。これから、次に示す4項目のようなことがわかるだろう。

【特性1　道路斜線制限一杯の建物は道路斜線部分が見えない】
これは、天空率の測定点が道路斜線の始まり（基点）になっているためである。

【特性2　計画している建物は道路斜線制限一杯の建物より両側にアキがある】
敷地より小さくなければ建物を建てることができないので、敷地と建物の間には、当然アキが生じる。

【特性3　計画している建物は道路斜線制限一杯の建物より上に突出している】
建物が道路斜線から突出して計画されている（道路斜線制限では建築不可となる）。

【特性4　上に突出している面積と両側のアキの面積を比べてみるとアキの方が大きい】
計画している建物のシルエットの方が、道路斜線制限一杯の建物より小さい。

このようなシルエットの比較が、天空率を考える基本である。天空率は、このシルエットを天空図にして、数値的に比較する1つの手法にすぎない。

「計画している建物のシルエットの方が道路斜線制限一杯の建物より小さい」ということは、天空率的に言い換えれば、「計画建築物の方が道路斜線適合建築物より天空率（空の割合）が高い」となり、道路斜線制限では建築できないこの計画建物が、天空率の導入により建築可能となるのである。

この感覚がわかれば、天空率を使うか使わないかの判断がしやすくなる。

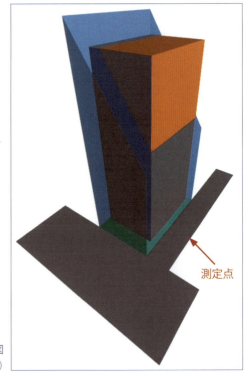

測定点

道路斜線制限一杯の建物と計画している建物を重ねた図
（ここでは広い方の道路斜線は考慮していない）

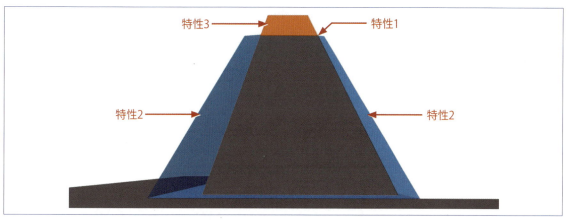

天空率の測定点から見たイメージ

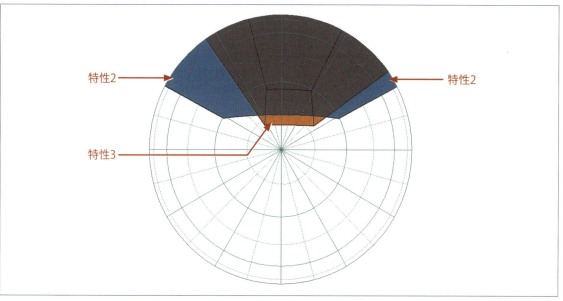

計画建築物と道路斜線適合建築物を重ねて作図した時の天空図
それぞれの面積を比較すると「計画建築物の方が小さい」=「天空率が高い」ということがわかる

1・2・3・2 敷地や建物の形状で変わる天空率のメリット

天空率は高さ制限の緩和なので、メリットがあるはずだが、敷地や建物の形状や条件によって、天空率によるメリットは変わる。それを知っておくと、計画の初期段階で、いろいろな検討が可能である。

❶ 敷地形状

おもに建物と敷地のアキが活用できるか否かで天空率導入によるメリットに差が出る。ここでは、配置図と測定点から見た立面的イメージで解説する。現実の敷地の形状はさまざまであるが、矩形の敷地を想定して、それに対していくつか比較を行う。

敷地形状パターンＡ：矩形の標準的な敷地。反対側の道路境界線に対して隣地境界線が直交している。
敷地形状パターンＢ：敷地奥よりも道路に面する間口が広い敷地。
敷地形状パターンＣ：隣家越しのL字敷地（おおむね隣家が2軒ほど建っている場合。隣地の距離が短い場合はp.45のJCBA方式参照）。

敷地形状パターンＡ：標準的な敷地の場合

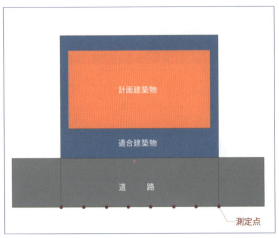

標準的な敷地（道路斜線適合建築物）と建物（計画建築物）の作図

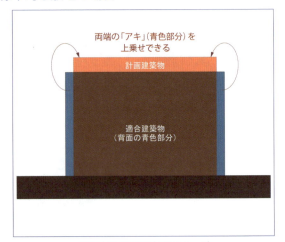

測定点から見た立面イメージ
建物と敷地の間に「アキ」があるのでその面積だけ上部に上乗せすることができる

敷地形状パターンＢ：メリットのある敷地の場合

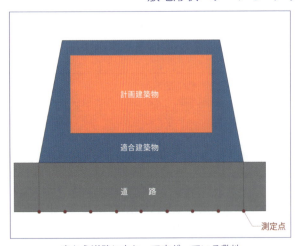

奥から道路に向かって広がっている敷地
天空率の測定点は道路境界線の両端なので、パターンＡの場合より敷地の幅が広がる（道路斜線適合建築物が大きくなる）

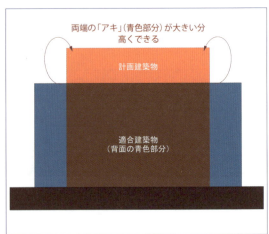

測定点から見た立面イメージ
建物と敷地の「アキ」がパターンＡよりも大きくなるため、その面積だけ高くできる

敷地形状パターンＣ：メリットが少ない敷地の場合

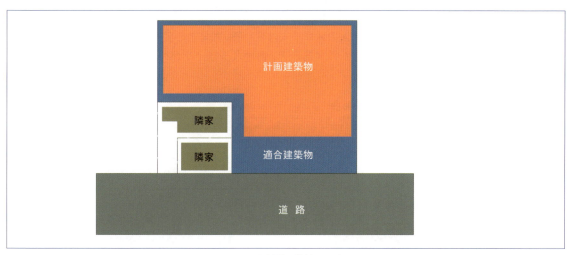

L字形の敷地

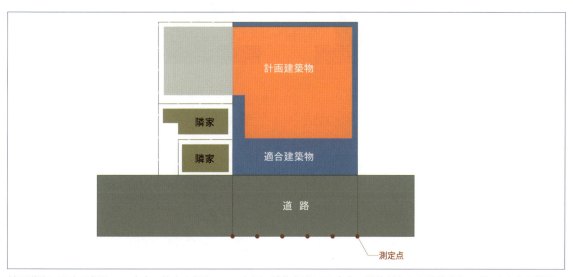

前面道路に面する部分で天空率の算定を行うので、左側の建物部分は天空率の計算対象から除外される（行政や審査機関によって判断が違う場合がある）

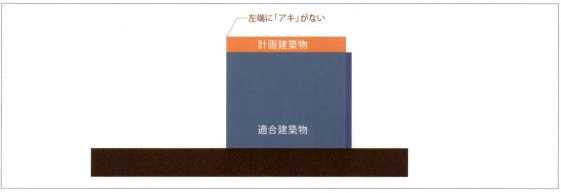

測定点から見たイメージ
左側は、建物と敷地の間に「アキ」がないのでメリットが少ない

❷ 建物形状

計画する建物の形状によっても天空率導入のメリットは変わる。敷地とのアキを大きく確保して高くしたり、部分的に低くして他の部分を高くしたりするなど、自由なデザインが可能になる。ここでも、測定点から見た立面的なイメージで解説する。

建物パターンA：標準的な建物の場合

測定点から見たイメージ
敷地と建物のアキの分だけ高くできる

建物パターンB：高層化した建物の場合

測定点から見たイメージ
アキを大きくとることで高層化が可能である

建物パターンC：部分的に高層化した建物の場合

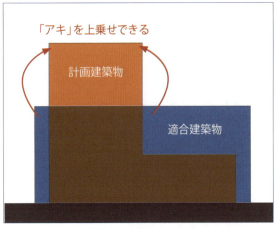

測定点から見たイメージ
低層部分のアキを使って一部を高層化する

建物パターンD：切妻屋根の建物の場合

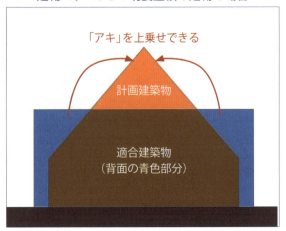

測定点から見たイメージ
屋根両側のアキを使って棟を上げる

建物パターンE：メリットのない建物の場合

測定点から見たイメージ
敷地一杯の建物や敷地条件によって計画建築物と斜線適合建築物のアキがなくなる場合は斜線制限と同じになる
アキがなくなるケースとしては、斜線勾配の変わる用途地域境や幅員の異なる道路斜線の境（前面道路2aの範囲境など）では境側のアキはゼロになる

❸ 後退距離

建物が境界線から後退することで天空図（天空率）がどのように変わるだろうか。特に、道路斜線適合建築物は、必ずしも計画建物に合わせて後退させなければならないわけではないので、計画に応じて検討した方がよい。建物が後退すると、天空図のシルエットは、幅が狭くなり、後退しただけ建築可能な高さが高くなる。幅が狭くなるのは面積が小さくなる方向、高くなるのは面積が増える方向である。

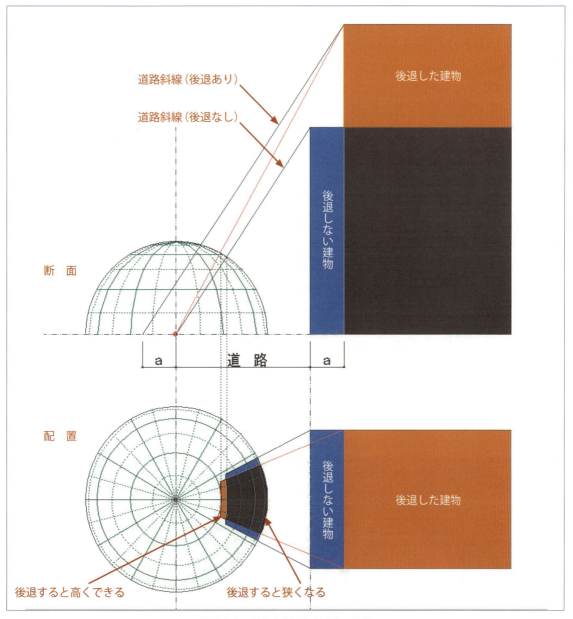

後退しない建物と後退した建物の比較

幅と高さのバランスによっては後退した方が面積が小さくなる。計画建物では、面積が小さくなるということは天空率が高くなるということなので、緩和の方向ではある。しかし、適合建築物の場合は、基準が小さくなるということなので、制限の方向になる。

1·2·3·3 事例による天空率のメリットの検証

ここでは、実際に建築された住宅で、天空率を導入した結果を紹介しよう。この事例による比較で、天空率導入によるメリットが確認できる。

❶ デザインが生きる事例（住宅における天空率）

「天空率は大規模建物でなければ有効ではない」と考える人もいるが、住宅のような小規模建物でも有効活用できる。一般的な木造の個人住宅は商業系の建物に比べ、建物周囲のアキが大きく、上部が勾配のある屋根が一般的なので、上部のアキも使えるという特徴がある。

ここで紹介する個人用の住宅の例は、前面道路が4mという、ごく一般的な敷地であるが、2世帯住宅ということもあり、容積率・建ぺい率ともに最大限に使わなければならないという厳しい条件下で建てられたものである。具体的には、住宅のプランニングができあがり、断面や立面を検討している段階で、道路斜線が厳しく、計画建物は道路斜線から完全に突出していたため、天空率を使うことになった。

道路斜線から突出したデザイン（1）

道路斜線から突出したデザイン（2）

そこで、道路斜線でカットすることになるのだが、クリアランスも必要なため、桁下がりとなり、断面的にも天井がかなり下がってしまう。

道路斜線でカットしたデザイン（1）

道路斜線でカットしたデザイン（2）

計画段階でモデリングを行っていたので、道路の反対側の地面から建物を見ると、建物の両脇にかなりの天空が確保できそうだった（次ページ上段の図を参照）。

1・2 天空率

「両端のアキ」と「上部突出した切妻部分」の面積を比較

隣地境界線上にある塀の扱いは
審査機関によって判断が異なる

天空率の測定点から見た建物

そこで、天空率の計算を行ってみた（隣地境界線上の塀の扱いは行政により異なる）。天空図は7つの測定点について作成した。各測定点とも1%以上のクリアランスがあり、問題なく建築可能となった。

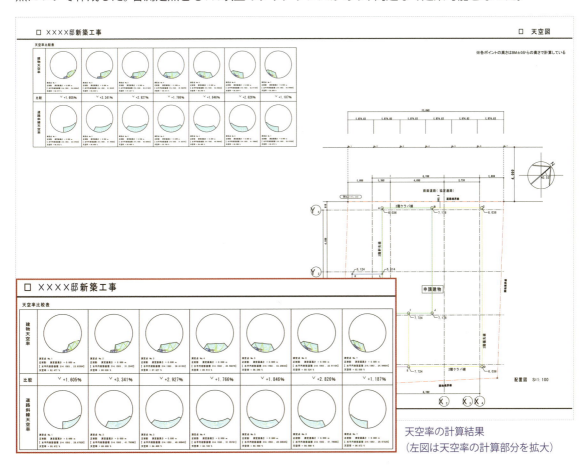

天空率の計算結果
（左図は天空率の計算部分を拡大）

ここで紹介した事例のように、道路に面して切妻屋根を計画したものの、棟の部分でカットせざるを得ない場合や、道路斜線内に納めるために寄棟にするような場合が考えられるが、天空率を使うことで、デザインの選択肢が増える。なお、天空率が施行される前の道路に面した近隣住宅は道路斜線に合わせた寄棟の屋根になっている。

竣工した建物

竣工した建物の前面道路と近隣住宅の家並み

❷ 整形な建物形状とした事例　～2つの道路に面する中高層建物の天空率～

ここでの事例は、10mと4mの道路に面する商業地域の事務所の計画である。

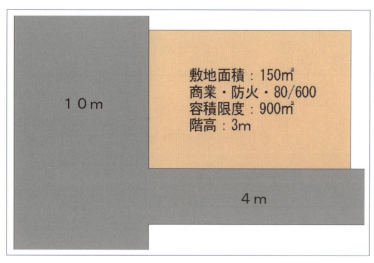

計画場所

ここでの事例は、10mと4mの道路に面する商業地域の事務所の計画である。後退してセットバックのない計画をしたいのだが、道路斜線により上部をセットバックする必要があった。しかし、天空率を使うことにより、単純な形で床面積をなんとか確保できることがわかった。

天空率を使うにあたり、4m道路側上部のセットバックを避けるため、10m道路側の壁面をできるだけ後退させ、敷地と建物のアキとして使えるようにした。その結果、9階までセットバックすることなく計画できた。この計画では、4m道路側に、天空率による大きなメリットがあった。

1·2 天空率

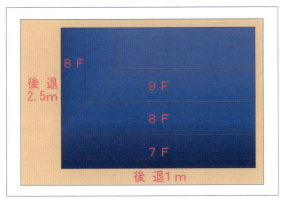

道路斜線による建物：両側からセットバックが必要

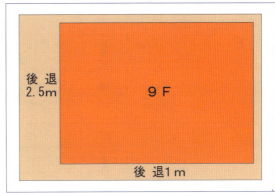

天空率を使うとセットバックなしで計画できる

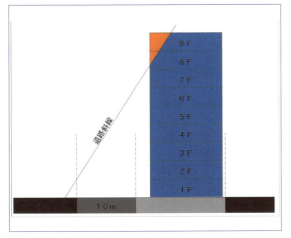

10m道路の断面図

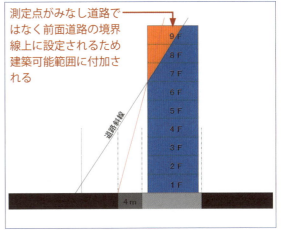

4m道路の断面図

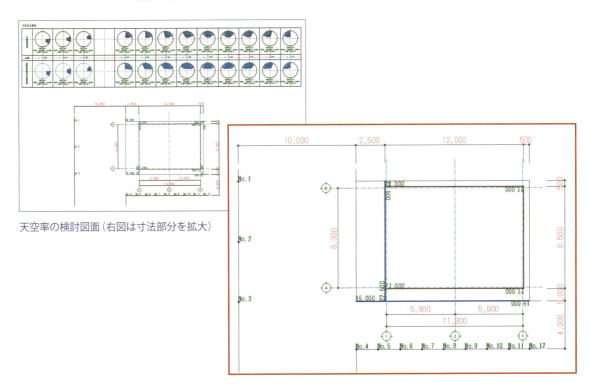

天空率の検討図面（右図は寸法部分を拡大）

| 1 日影図と天空率 | 2 建物ボリューム | 3 Jw_cadの日影図機能 | 4 Jw_cadの天空図機能 | A 真北の求め方 |

天空率の計算結果
（天空図と天空率）

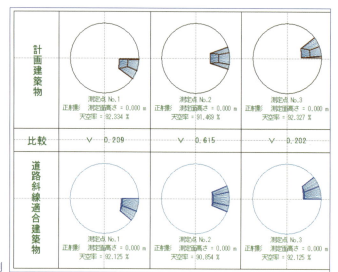

10m道路側

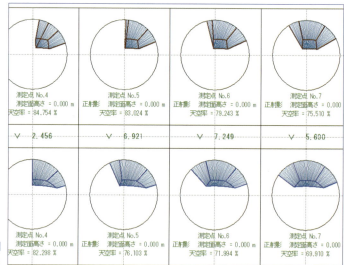

4m道路側
（前ページ右下図①通り寄り）

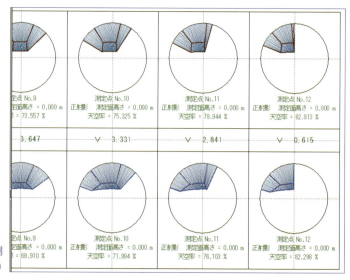

4m道路側
（前ページ右下図③通り寄り）

2章 建物ボリューム

2・1 建物ボリュームの作成 62
2・2 建物ボリュームの作成例 73

日影図、天空率計算では、建物を立体的に表現しなければならない。これを建物ボリュームと呼ぶことにする。

建物ボリュームの作成方法は、例えて言えば、マッチ棒で建物の輪郭を組み立てるイメージである。建物平面の輪郭を作るマッチ棒の両端に高さを設定すると、設定された高さに横方向のマッチ棒が作成され、その両端を頂点とするマッチ棒が地面から立ち上がる。でき上がったマッチ棒で囲まれる部分は壁のように扱われる。マッチ棒の骨組みに紙が貼り付けられる感覚である。日影図作成と天空率計算における建物ボリュームの作成方法は同じで、「日影図」コマンド、「天空図」コマンドそれぞれで作成でき、作成した建物ボリュームは相互で利用可能である。

2章ではこの建物ボリュームをJw_cadで作成する基本的な方法を解説する。

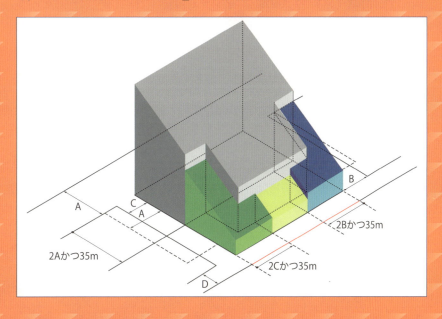

2·1　建物ボリュームの作成

2·1·1　建物ボリューム

2·1·1·1　Jw_cadによる建物ボリュームの作成

前のページで述べたとおり、本書では、建物を立体的に表現したものを「建物ボリューム」と呼ぶ。Jw_cad で日影図を作成したり、天空率を計算するためには、まず、建物ボリュームを作成しておかなければならない。Jw_cadには、日影図作成用の「日影図」コマンドと、天空率計算用の「天空図」コマンドがあり、建物ボリュームはどちらでも作成でき、作成した建物ボリュームは相互で利用できる。ただし、天空率を計算する場合は、計算領域ごとに建物ボリュームを作成しなければならないので注意する。

Jw_cadの建物ボリュームの作成方法は、建物の平面形状を構成する線分の端部に高さを設定するという簡便な方法である。円や曲線には高さが設定できないので、線分に分割しておく必要がある。また、1つのレイヤの中では、平面的に重なる点に設定できる高さは1つだけである。つまり高さの異なる点が重なる場合はレイヤ分けして作成する。

なお、Jw_cadには作図した平面形状を立体的に表現する「2.5D」コマンドもあるが、日影図作図と天空率計算では、この「2.5D」コマンドで作成された立体表現は建物ボリュームとしては認識できない。その代わり、「日影図」コマンドや「天空図」コマンドで作成した建物ボリュームを「2.5D」コマンドで立体的に表現することはできる。

2·1·1·2　建物ボリューム作成の基本的ルール

建物ボリューム作成の基本的なルールは以下のとおりである。考えるよりも実際に作図してみるとよくわかるだろう。

- マッチ棒の長さは自由。
- マッチ棒は折り曲げられない。
- 縦（高さ方向）のマッチ棒は、横（水平方向）のマッチ棒の端部に高さを設定することで自動的に作られる。
- 特に指定しなければ、縦のマッチ棒は地面から立ち上がる。
- 1つのレイヤの中では縦のマッチ棒を複数継ぐことはできない。言い換えれば、高さが異なる横のマッチ棒の端部は平面的に重ねられない。
- 同じ高さであれば、横のマッチ棒の端部はいくつ重なってもよい。その際の高さの設定は1つでよい。

2·1·2 建物ボリューム作成の基本

2·1·2·1 1本の線に高さを設定

ここでは、線を1本作図し、「日影図」コマンド（ツールバーの「日影」ボタン）または「天空図」コマンド（ツールバーの「天空」ボタン）で高さ設定する方法を解説する。

「日影図」コマンド、「天空図」コマンドは、コマンドを選択した時点で高さ設定になるので、コントロールバー「高さ」の欄に、数値をm単位で入力する。次に、書込レイヤにある線端点付近を左クリックすると、設定した高さの数値が書き込まれ、高さが設定される。高さの設定は作図された線と同じレイヤでなければならない。また、高さ設定の際は、画面下段のステータスバーのメッセージに注意する。線端点の左クリック方法の違いで、以下の機能に分かれる。

- 線端点の左クリック ：高さの設定とすでに設定済みの高さの数値の変更
- 線端点の右クリック ：設定済みの高さの数値を取得
- 線端点の左ダブルクリック：設定済みの高さの数値を消去

高さの設定後は、コントロールバー「確認」を左クリックすると立体的に表示される画面を見て、設定に間違いがないかを確認する。

以降、Jw_cadの起動、図面ファイルの保存、基本的な作図方法などについては説明していないので、同社の既刊本などを参考にしていただきたい。

❶
Jw_cadを起動し、新規ファイルにする。

❷
ここでは、用紙サイズをA3、縮尺を1/100に設定する。

❸
「線」コマンドを選択し、右下図のように、適当な寸法の水平線を1本作図する。

❹
「日影図」コマンドを選択する。

❺
コントロールバー「高さ」に、高さ「10」（m単位）を入力する。

❻
コントロールバー「測定高」に、測定面高さ「4」（m単位）を入力する。

❼

図のように、作図した水平線の端点付近を左クリックすると、設定した高さの数値が書き込まれ、高さが設定される。なお、線を左クリックする位置は、高さを設定する端点から線分の中心までの間ならば、任意でよい。

☞ 水平線を作図した書込レイヤで左クリックすること。高さ設定時に線と同じレイヤになっていない場合、作図ウィンドウ左上に図のメッセージが表示されるので、その場合は、線が作図されたレイヤを書込レイヤに切り替えて、再度、高さを設定する。

❽

片方の端点も同様に行う。

高さ設定で書き込まれる数字（文字）の大きさは、ツールバー「基設」（「基本設定」コマンド）を左クリックすると「jw_win」ダイアログが開くので、「文字」タブを左クリックで選択して変更できる（図を参照）。
「文字」タブの「日影用高さ・真北、2.5D用高さ・奥行きの文字サイズの種類指定…」右の数値入力欄に、文字種の数値を入力する。
ここでの設定では、文字種2の文字サイズとしている。

❾

コントロールバー「確認」を左クリックして、アイソメ図で高さ設定を確認する。

図が立体的に表示された状態（アイソメ表示）。ここでは、「日影図」コマンドのコントロールバー「確認」を左クリックしたので、測定面高さである4mライン（補助線）が表示されている。

❿

コントロールバー「≪」を左クリックして、作図画面に戻る。

▼「天空図」コマンドのコントロールバー

図は、「天空図」コマンドを選択した場合のコントロールバーである。コントロールバーによる高さや測定面高さの設定方法は、前ページの「日影図」コマンドの場合と同じである。

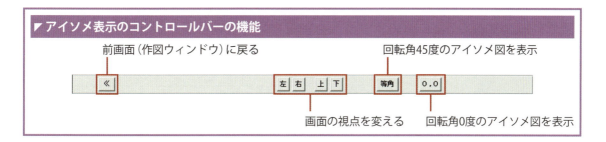

▼アイソメ表示のコントロールバーの機能

- 《 : 前画面（作図ウィンドウ）に戻る
- 左 右 上 下 : 画面の視点を変える
- 等角 : 回転角45度のアイソメ図を表示
- 0,0 : 回転角0度のアイソメ図を表示

▼「測定高」（測定面高さ）とは

日影規制における日影の測定面の平均地盤面からの高さ（1.5m、4m、6.5m）（p.18参照）。

2·1·2·2 四角形に高さを設定

四角形の高さ設定は4つの頂点に行う。基本的には線端点への高さ設定と同じ方法だが、各頂点は2本の線が重なっていることに注意する。ここでも「日影図」コマンドを使う。

❶

「矩形」コマンドを選択して、図のように、適当な寸法の四角形（長方形）を作図する。

❷

「日影図」コマンドを選択して、❶で作図した四角形の4つの頂点に、高さ10mを設定する。

高さ設定で書き込まれる数値は設定した線に平行して作図される。

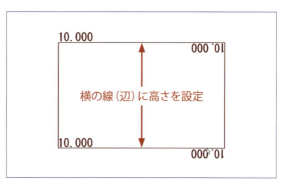

縦横どちらかの線で高さが設定されればよいので、図のようになっても数値の向きは気にしなくてよい。線端点の左クリック位置によっては、4つの頂点で縦横が混在して設定される場合もありえる。

❸
p.64の❾と同様に、コントロールバー「確認」を左クリックして、アイソメ図で高さ設定を確認する。

❹
コントロールバー「≪」を左クリックして、作図画面に戻る。

☞ 以降、❹の操作説明は割愛する。

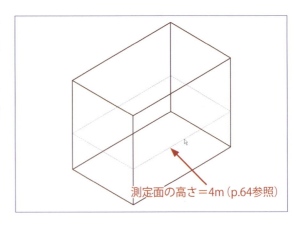

測定面の高さ＝4m（p.64参照）

☞ 四角形の頂点のように複数の線の端点が重なっている部分の高さは、1つだけ設定できる。逆に、端点が重なっていない場合は、それぞれの端点に高さを設定しなくてはならない。
このため、図のように、画面上では端点が重なっているように見えても、実際には重なっていない場合には、高さ設定後の「確認」画面で、意図した形では表示されないので注意する。

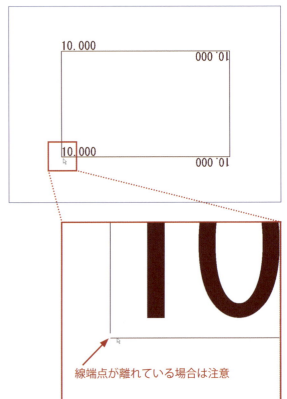

線端点が離れている場合は注意

ここでは水平線の端点に高さを設定してきた。しかし、右上図のように左下頂点において端点が重なっていない場合、垂直線の端点が高さ未設定の状態となってしまう。
そのため、コントロールバー「確認」を左クリックしたアイソメ図の画面では、図のように意図した形では表示されない。

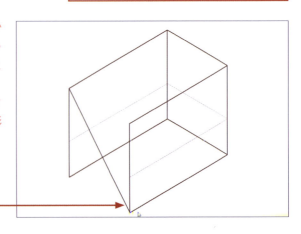

垂直線の高さが未設定となってしまう

2·1·2·3 四角形に高さを設定する場合のバリエーション

屋根や斜壁のように、斜面を作成する場合も、高さ設定の操作は同じである。ポイントは、途中で勾配が変わるような腰折れの斜面を作成する場合は、勾配ごとに線を分けて作図すればよい。

❶ 斜面を作る場合

まず、斜面を作る。前項で作図した四角形と同じ例で説明する。

❶
四角形の横線の1本（上辺）だけを高さ15mに設定し直す。一度設定した部分に上書き設定することで、何度でも高さ設定を変更できる。

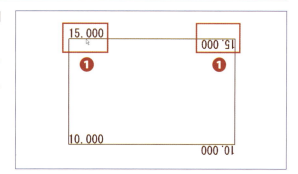

❷
コントロールバー「確認」を左クリックし、アイソメ図で高さ設定を確認する。

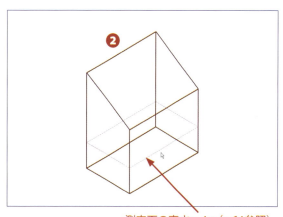

測定面の高さ＝4m（p.64参照）

次に、勾配が途中で変わる腰折れの屋根にする。

❸
「中心線」コマンドを選択し、棟にあたる（縦線の中点間に）横線を1本作図して加える。

❹
「消去」コマンドを選択し、左右の縦線をいったん消去する。

❺
「線」コマンドを選択し、左右の縦線をあらためて作図し直し、別々の線にする。

☞ この時、縦線の10m～14mの線と14m～15mの線を別々に分けて作図する。1本の連続線では腰折れの図にならないので、十分に注意する。

❻
作図した横線に高さを設定する（ここでは14m）。

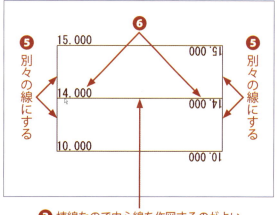

❸ 棟線なので中心線を作図するのがよい

❼ コントロールバー「確認」を左クリックして、アイソメ図で高さ設定を確認する。

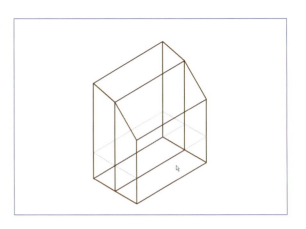

☞ 前ページで注意したように、縦線を別々に作図せずに1本の連続線として通して作図した場合は、アイソメ図の「確認」画面では図のようになる。

1本の直線で表示されてしまう

測定面の高さ＝4m (p.64参照)

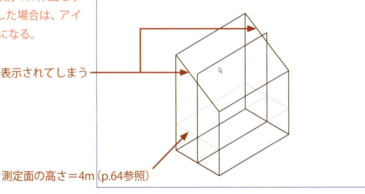

❷ 曲線がある場合

「2.5D」コマンドでは曲線に高さを設定できるが、「日影図」コマンドと「天空図」コマンドで作成する建物ボリュームでは曲線は扱えない。そこで、近似の直線に対して高さを設定することで対応する。
「日影図」コマンドと「天空図」コマンドは法規チェックが目的のため、近似する直線は安全側で考える。なお、曲線を直線で近似する方法はいくつか考えられるが、ここでは「分割」コマンドや「接線」コマンドを使って解説する。

▶ 平面的な曲線の場合

ここでは、図のような長方形の1頂点が曲線の平面形状の場合を例にして解説する。

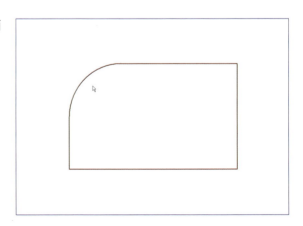

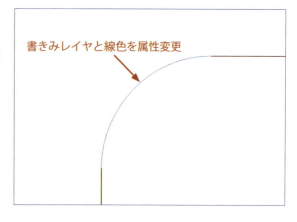

書きみレイヤと線色を属性変更

❶
曲線部分は高さが計算されないので、「属性変更」コマンドを選択し、曲線部分だけを他のレイヤに変更しておく（図は、同時に線色も変更した例）。

❷
「分割」コマンドを選択する。

❸
コントロールバー「仮点」にチェックを付ける。

❹
コントロールバー「等角度分割」を左クリックして黒丸を付ける。

❺
コントロールバー「分割」の数値入力欄に分割数を入力する。

☞ ここでは「4」とした。細かく分割すると精度は上がるが高さ設定が煩雑になるので、あまり数値を大きくしない方がよい。

ステータスバーのメッセージに従い、以下のように、曲線の始点・終点、曲線を順次、指示する。

❻
曲線の始点を右クリックする。

❼
曲線の終点を右クリックする。

❽
曲線を左クリックする。

これで、分割点が仮点（小さい水色の○印）で作図される。

分割点を両端点とした曲線の接線を作図する。「接線」コマンドを使えばよい。

❾
「接線」コマンドを選択する。

❿
コントロールバー「円上点指定」を選択する。

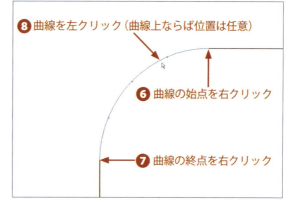

❽ 曲線を左クリック（曲線上ならば位置は任意）
❻ 曲線の始点を右クリック
❼ 曲線の終点を右クリック

分割完了後、仮点を消去する場合は、「点」コマンドで行えばよい（次ページ❶の完成図では消去済み）。

ステータスバーのメッセージに従い、以下のように、曲線、分割点(仮点)、接線の始点・終点を、順次、指示する。

⑪ ....

曲線を左クリックする。

⑫ ....

分割点(仮点)の1つを右クリックする。

⑬ ....

接線の始点にする適当な位置を左クリックする。

⑭ ....

接線の終点にする適当な位置を左クリックする。

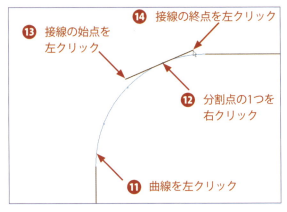

⑮ ....

残りの分割点(仮点)でも同様にして接線を作図する。

⑯ ....

「伸縮」または「線」コマンドを選択して、元の四角形の縦線・横線の端点から接線をまたぐまで、縦線・横線を伸ばす(または作図して加える)。

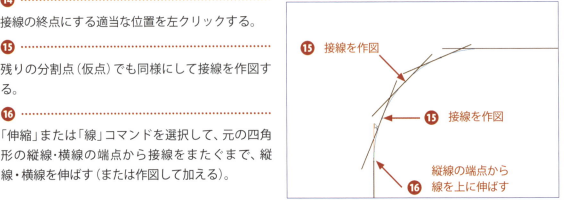

⑰ ....

「コーナー処理」コマンドを選択して、3本の接線・元の縦線・横線をコーナー処理する。

⑱ ....

元の曲線の作図レイヤを非表示にする。または、曲線が必要なければ、「消去」コマンドを選択して曲線を右クリックして消去してもよい。

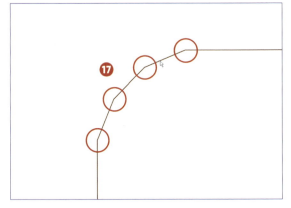

⑲ ....

作図した曲線を近似する線(3本の接線)と、作図した縦線および横線に、「日影図」または「天空図」コマンドで高さ設定を行う。

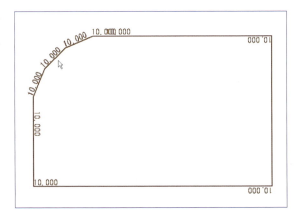

❷⓪
コントロールバー「確認」を左クリックして、アイソメ図で高さ設定を確認する。図では見やすいように視点を回転して変えている。

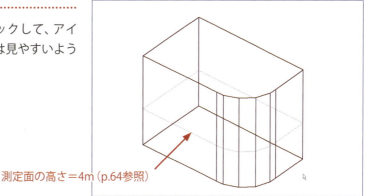

測定面の高さ＝4m（p.64参照）

▶ 立面的な曲線の場合

平面図の左余白などに断面形状を作図しておき、前項の「平面的な曲線の場合」の場合と同様に作図する。
局面を近似した折れ線を結ぶ線は腰折れの斜面のように勾配が変化するので、勾配ごとに直線を作図する。
図は、作成した建物形状の確認画面である。「2.5D」コマンドで作図後、「消去」コマンドで不要な線を消去している。
なお、ここでは作図手順の詳細な説明は割愛するので、作図要領をご理解いただきたい。

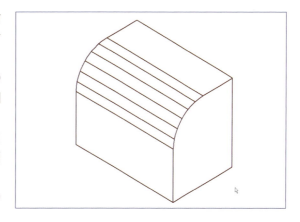

❶
平面図の左のスペースに、作成する建物ボリュームの断面形状の図を作図する。

❷
p.68「平面的な曲線の場合」の要領で、曲線部分を近似接線化する。

❸
断面形状の図の折れ点の高さを測定する。

❹
折れ点の位置に合わせて、平面図側に折れ線を作図する。

❺
平面図の折れ線を結ぶ縦線を、勾配ごとに分けて作図する。

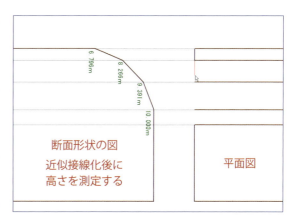

❻ 線が作図できたら、❸で測定した高さを、「日影図」または「天空図」コマンドで設定する。

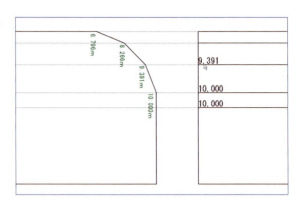

❼ 平面図が完成したら、コントロールバー「確認」を左クリックする。

❽ アイソメ図が表示されるので、高さ設定を確認する。

この図は、見やすいように回転させて視点を変えている。

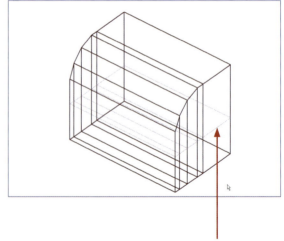

測定面の高さ＝4m（p.64参照）

2.2 建物ボリュームの作成例

2.2.1 切妻屋根の建物ボリューム

「切妻屋根の平面形状がうまく作れない」というJw_cadユーザーの声をよく聞く。切妻屋根の平面形状は漢字の「日」になるが、よくある失敗は、妻面作図時に軒から軒までを1本の線で作図してしまうことである。「マッチ棒は折り曲げられない」のだから、p.62やp.67で述べたように、軒から棟までをそれぞれ1本の線で作図し、棟には妻面の2本の線と合わせ3本の線の端部が重なる必要がある（端部を重ねるには、右クリックの読取点指示で作図すればよい）。

下図は、切妻屋根の平面形状の線端部に高さを設定した状態、および、アイソメ図で高さに間違いがないかを確認した立体表示画面である。

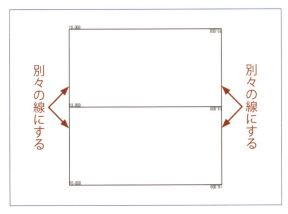

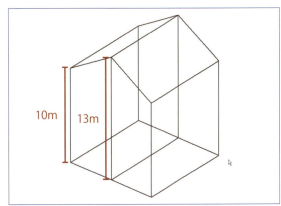

まず、切妻屋根の平面形状を作図する。

❶

高さ設定を正しく行うため、妻面を「線」コマンドを使った直線の組み合わせで作図する。

☞ 軒から棟まで直線で結ぶ時は、妻面の線は棟で止めるよう、十分に注意する。

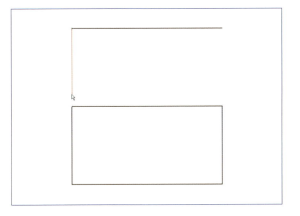

❷

反対側も同様に作図して、切妻屋根の平面形状を完成させる。

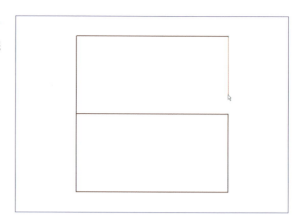

次に、「天空図」コマンドで、切妻屋根の平面形状に高さ10mを設定する。

❸

「天空図」コマンドを選択して、コントロールバー「高さ」に「10」(m単位)を入力する。

❹

上の横線の左端点付近を左クリックし、高さ10mを設定する(p.64参照)。

❺

次に設定する線の高さが同じ場合は、続けて左クリックできるので、同様にして、他の3カ所に高さ10mを設定する。

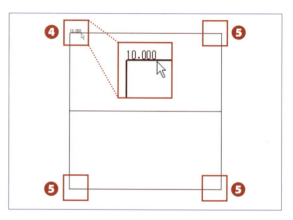

軒の高さから棟の高さ13mに変更して、切妻屋根の高さ設定を完成させる。

❻

棟は高さが変わるので、コントロールバー「高さ」に「13」を入力し直す。

❼

同様にして、棟の線端点付近2カ所を順次、左クリックし、高さ13mを設定する。

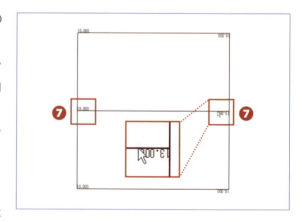

棟と妻面は3本の線端部が重なっているが、高さは1つしか設定されていない。これはp.62で述べた基本的なルールの「同じ高さであれば、横のマッチ棒の端部はいくつ重なってもよい。その際の高さの設定は1つでよい」である。

❽ コントロールバー「確認」を左クリックして、アイソメ図で高さ設定を確認する。

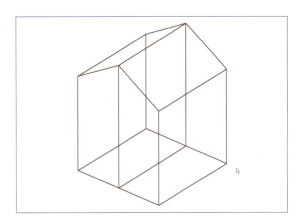

2·2·2 段差のある陸屋根の建物ボリューム

切妻屋根と同じく、漢字の「日」の平面形状になる陸屋根で、2つの屋根面の高さが異なる場合は、p.62で述べた基本的なルールの「1つのレイヤの中では縦のマッチ棒を複数継ぐことはできない。言い換えれば、高さが異なる横のマッチ棒の端部は平面的に重ねられない。」に注意する必要がある。つまり、同じレイヤでは高さの異なる線端部が平面的に重なることはできないので、この場合はレイヤを分けて作図することになる。
ここでは2つの方法を紹介する。どちらで作図するかは好みである。「2.2.2.1　高さごとのボリュームを並べる方法」では隣接する部分が重なり、「2.2.2.2　低い方でボリューム全体を作り高い方を入れる方法」では高い方のボリュームのうち低いボリュームの中の部分が重なるが、計算に影響されないので気にしなくてよい。日影図や天空率計算では、ボリュームの輪郭が対象となるからである。

2·2·2·1 高さごとのボリュームを並べる方法

この方法は、漢字の「ロ」の平面形状を2つ並べる方法である。ここでは、低いボリュームと高いボリュームをレイヤに分けて作図することになる。

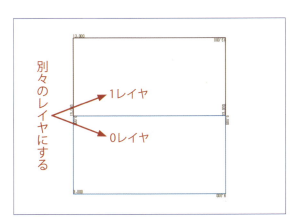
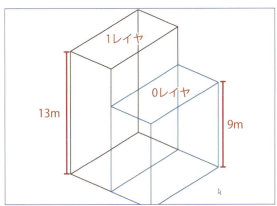

75

❶

2つの建物ボリュームが接する中央部に異なる高さを設定するためレイヤを分ける。低い方（9.000m）が0レイヤ、高い方（13.000m）が1レイヤとなる。

❷

低い方のボリュームの平面形状を作図し、高さを設定する。

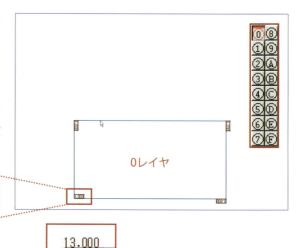

❸

作図したレイヤを表示のみにしてレイヤを切り替え、隣接して高い方のボリュームの平面形状を作図し、「天空図」コマンドで高さを設定する。

☞ 高い方のボリュームの平面形状を作図する時、接する面の端部は、低い方のボリュームの平面形状端部を右クリックして確実に重ねる。

❹

コントロールバー「確認」を左クリックして、アイソメ図で高さ設定を確認する（前ページ右下図参照）。

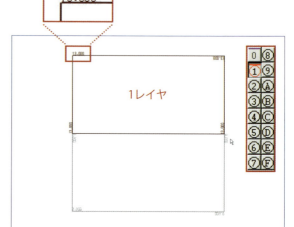

2·2·2·❷ 低い方でボリューム全体を作り高い方を入れる方法

この方法は、大きな漢字の「ロ」の平面形状の中に、小さな漢字の「ロ」の平面形状を入れる方法である。低いボリュームの中に高いボリュームが作図されている。もちろんレイヤを分けて作図する。

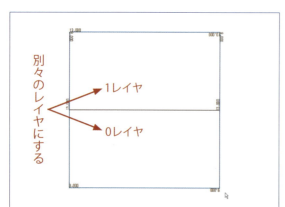
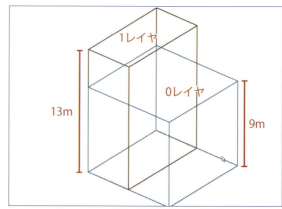

❶

2つの建物ボリュームが接する角部に異なる高さを設定するためレイヤを分ける。低い方（9.000m）が0レイヤ、高い方（13.000m）が1レイヤとなる。

❷

低い方のボリュームで全体の平面形状を作図し、高さを設定する。

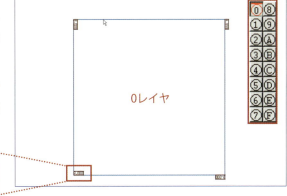

❸

作図したレイヤを表示のみにしてレイヤを切り替え、一部を重ねるようにして、高い方のボリュームの平面形状を作図し、高さを設定する。

☞ 高い方のボリュームの平面形状を作図する時、接する面の端部は、低い方のボリュームの平面形状端部を右クリックして確実に重ねる。

❹

コントロールバー「確認」を左クリックして、アイソメ図で高さ設定を確認する（前ページ右下図参照）。

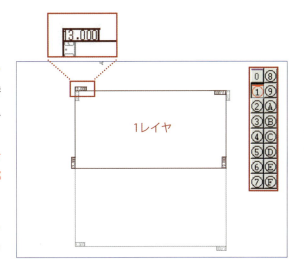

2・2・3　空中構造の建物ボリューム

庇、軒、バルコニーのように、地盤面から立ち上がらずに空中にあるものの高さの設定は、カンマ区切りで、下端と天端を設定することで作成できる。
同様の方法を使えば、「2.2.2.2　低い方でボリューム全体を作り高い方を入れる方法」のように、低い方の高さで平面全体のボリュームを作り、高い方のボリュームを入れる方法で各階ごとに作成することも可能である。各階ごとに平面形状を検討する場合は、このような方法も考えられるので、必要に応じて使い分ければよい。

2・2・3・1　高さごとのボリュームを並べる例

ここでは、「2.2.2.2　低い方でボリューム全体を作り高い方を入れる方法」の陸屋根の作図例で作図した建物ボリュームを使って、高い方のボリュームに庇を作図する。

| 1 日影図と天空率 | 3 Jw_cadの日影図機能 | 4 Jw_cadの天空図機能 | A 真北の求め方 |
| 2 建物ボリューム | | | |

❶

前ページ❸で作図を終えた図に、「矩形」コマンドで、図のように、庇の先端とバルコニーを表す四角形をそれぞれ作図して加える。

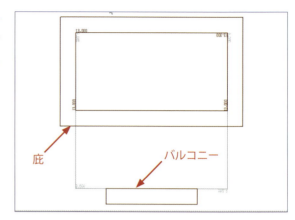

❷

庇に高さを設定する。コントロールバー「高さ」に、下端と天端をカンマ区切りで入力する。これが庇の厚みになる。

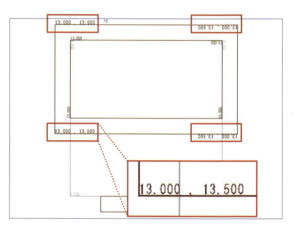

☞ カンマ区切りは（下端,天端）でも（天端,下端）でもかまわないが、ボリュームごとに統一しておく。

▶ Jw_cadでのカンマの簡便入力方法

カンマが入力しづらいパソコンがあるため、Jw_cadでは、数値入力ボックスに文字カーソルがある時、ピリオド（ドット）を連続で2回入力すると、カンマ1つに自動変換されるようになっている。なお、カンマを全角で入力しても、Jw_cad側が半角自動変換してくれる。

❸

庇同様、バルコニーにも高さを設定する。

☞ なお、バルコニーを各階ごとに作図する場合は、異なる高さの線端部が平面的に重ならないようにレイヤを分ける（「2.2.3.2　各階ごとに建物ボリュームを作成する例」参照）。

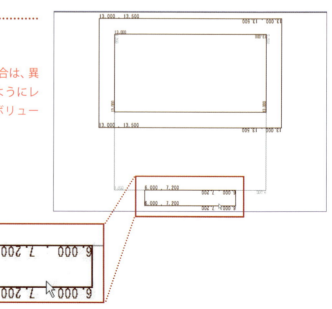

❹
コントロールバー「確認」を左クリックして、アイソメ図で高さ設定を確認する。

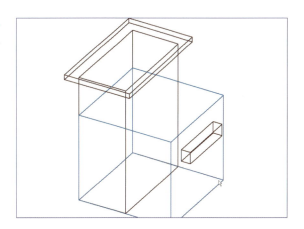

2·2·3·2　各階ごとに建物ボリュームを作成する例

ここでは、塔屋も含めると4階建の建物を例に、各階ごとにレイヤ分けして建物ボリュームを作図する例で、高さ設定の方法を説明する。

❶
書込レイヤを1レイヤにして、1階を作図する。

❷
1階の高さを設定する。地盤面からの高さなので、高さの設定は通常と同じ。

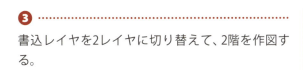

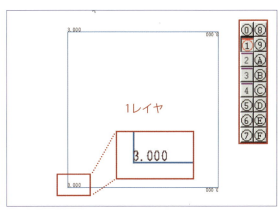

1階の作図

❸
書込レイヤを2レイヤに切り替えて、2階を作図する。

❹
1階の1レイヤを非表示または表示のみにする。

❺
カンマ区切りで2階の高さを設定する。

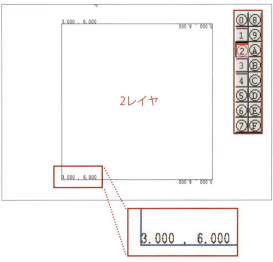

2階の作図

❻
書込レイヤを3レイヤに切り替えて、3階を作図する。

❼
1階および2階のレイヤを非表示または表示のみにする。

❽
カンマ区切りで3階の高さを設定する。

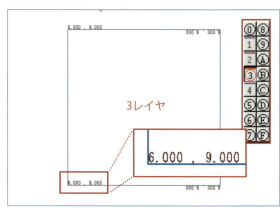
3階の作図

❾
書込レイヤを4レイヤに切り替えて、塔屋を作図する。

❿
1階・2階・3階のレイヤを非表示または表示のみにする。

⓫
カンマ区切りで塔屋の高さを設定する。

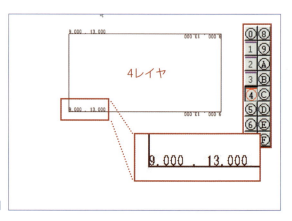
塔屋の作図

⓬
各階のレイヤを編集可能な状態にする。

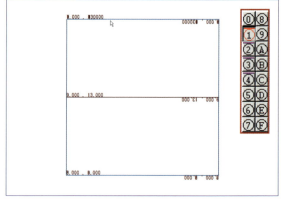

⓭
コントロールバー「確認」を左クリックして、アイソメ図で高さ設定を確認する。

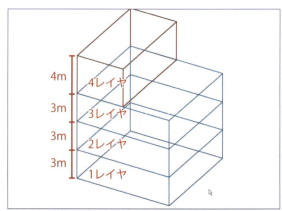

2·2·4 レイヤごとの地盤面からの高さ設定

これまで、線に高さの設定を行いボリュームを作成する方法を解説したが、Jw_cadではレイヤやレイヤグループに基準の高さを設定することができる。
基準高さが設定されたレイヤやレイヤグループ内に作図されたボリュームの高さは、基準高さからの値になる。例えば、建物ボリュームを作成後、平均地盤面の高さが変更になった場合は、すべての高さ設定を変更する必要が生じるが、この機能を使うことで簡単に変更に対応できる。
基準高さの設定は、レイヤ名、レイヤグループ名に記述する。

2·2·4·1 レイヤグループごとの地盤面からの基準高さ設定

レイヤグループ名を「#lv xxx.x」(すべて半角、「lv」は「LV」の小文字、「xxx.x」はm単位の高さ)に設定すると、そのレイヤグループに作図された線の高さ設定は「xxx.x」を基準とした高さになる。

2·2·4·2 レイヤごとの地盤面からの基準高さ設定

レイヤ名を「#lv xxx.x」(すべて半角、「lv」は「LV」の小文字、「xxx.x」はm単位の高さ)に設定すると、そのレイヤに作図された線の高さ設定は「xxx.x」を基準とした高さになる。この時、レイヤグループごとの基準高さが設定されている場合は、レイヤごとの基準高さは「レイヤグループごとの基準高さ」+「レイヤごとの基準高さ」になる。

❶
例として、0レイヤグループの0レイヤ(書込レイヤ)に平面図を作図し、高さを設定する。高さは、横線左端の低い方を0m、横線右端の高い方が5mとする。

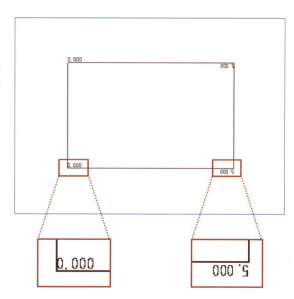

❷

コントロールバー「確認」を左クリックして、アイソメ図で高さ設定を確認する。

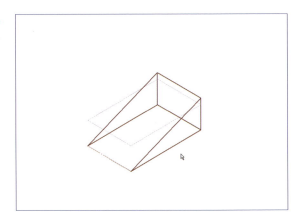

❸

メニューバーから「設定」メニューの「レイヤ」を左クリックする。

❹

「レイヤ設定」ダイアログが開くので、「レイヤ名」に「#lv 10.0」と入力し、「OK」を左クリックする。

これで、このレイヤ（ここでは0レイヤグループの0レイヤ）の基準高さが10mに自動設定される。

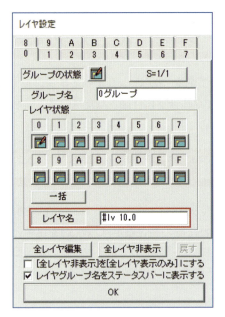

❺

コントロールバー「確認」を左クリックして、アイソメ図で高さ設定を確認する。

0レイヤグループの0レイヤに作図した平面図は、地盤面から10mの高さを基準（青の補助線）として、そこからの高さで表示される。

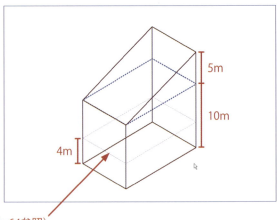

測定面の高さ＝4m（p.64参照）

Jw_cadの日影図機能

- **3·1** Jw_cadの日影図関連機能 84
- **3·2** 日影図の作図 89
- **3·3** 日影計算の根拠と精度 120
- **3·4** 日影図の応用的な作図 129

3章ではJw_cadの日影図作成に関する機能および作図例を解説する。Jw_cadの日影図作成機能は、Windowsの前身のOSであるMS-DOSに対応していたDOS版JW_CADの時代から装備されており、実務で活用しているユーザーも多い。建築確認申請で必要な書類を作成することはもちろんのこと、計画建物周囲の近隣住民用の参考資料なども作成することができる。

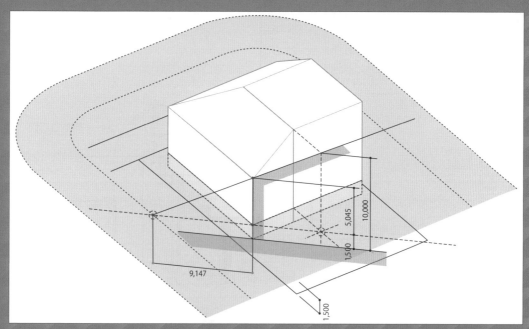

3・1 Jw_cadの日影図関連機能

3章では、主に、Jw_cadの「日影図」コマンドを使って、日影図の各図を作図する方法を解説する。Jw_cadの日影図コマンドでは、主に以下のものが作成できる。

- 時刻日影図
- 等時間日影図
- 指定点日影時間計算
- 壁面日影図
- 影倍率表
- 日影長さ表
- 方位角倍率図

下図は、これらの作図例の一部である。3章では、これらの図を順次、作図していく。なお、Jw_cadの基本的な作図操作方法の解説は割愛している。

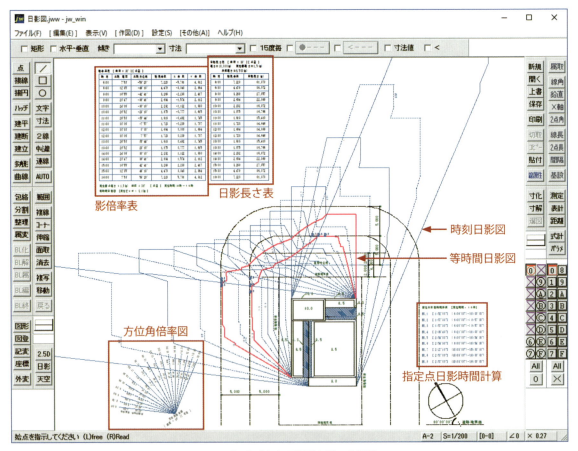

Jw_cadで作成した日影図各図の作図例

3·1·1 本書で作図する日影図各図の例

「日影図」コマンドは、日影図に必要な各種図面を作図する機能である。ここでは、日影図データの作図、時刻日影図、等時間日影図、指定点日影時間計算、壁面日影図の順で紹介する。

3·1·1·1 日影図作図の元となるデータ

日影図では、敷地形状とそれに伴う5mおよび10mの規制ライン、真北（方位方向線）、建物ボリュームなどを作図しておく必要がある。これらは「線」コマンドなどで作図する。日影図の対象とする計画建物の建物ボリュームを作成するには、計画建物の屋根伏図などの平面図をコピー＆貼り付けし、それをトレースして平面形状とすればよい。

「日影図」コマンドでは、「真北」ボタンで真北方向の線が真北として認識されるように指示することと、建物ボリュームに高さの設定、日影図の測定条件の設定などを行う。測定条件は、日影の測定高さ、緯度、測定する季節などを設定する。それらの条件を図面上に書き込むこともできる。季節については冬至を標準として春秋分、夏至が選択でき、任意の時期も日赤緯の数値を入力することで可能である。東経の入力欄がないのは、南中時を12時とする真太陽時で計算するため必要ないからである。真太陽時は実際の時間（標準時）とは異なることを理解しておく。

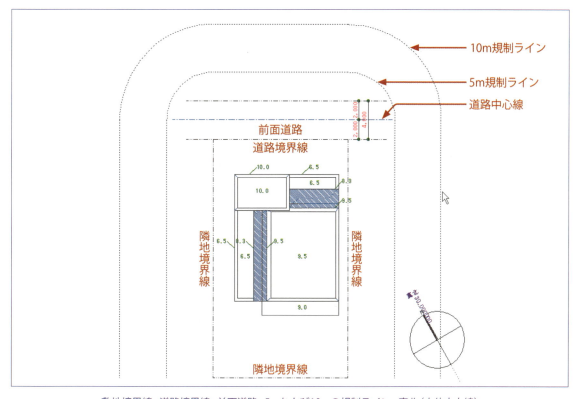

敷地境界線、道路境界線、前面道路、5mおよび10mの規制ライン、真北（方位方向線）

| 1 日影図と天空率 | 2 建物ボリューム | 4 Jw_cadの天空図機能 | A 真北の求め方 |
| 3 Jw_cadの日影図機能 |

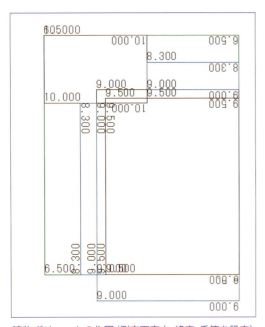

建物ボリュームの作図（測定面高さ・緯度・季節を設定）

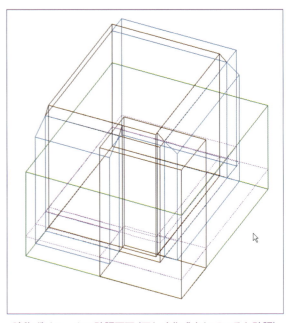

建物ボリュームの確認画面（正しく作成されているか確認）

3·1·1·2 時刻日影図

1時間ごと、または30分ごとの時刻日影図を作成する機能である。また、指定した時間のみの日影図も可能である。

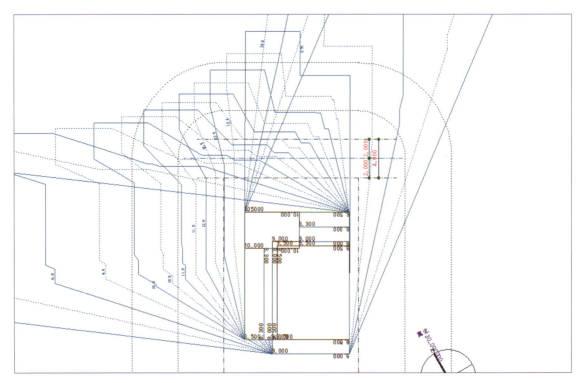

時刻日影図

3·1·1·3　等時間日影図

時間を指定した等時間日影図を作成する機能である。標準では1分間隔で計算するが、10秒間隔で計算することもできる。また、計算する範囲を指定して、範囲内を高精度で計算する機能もある。この場合、4秒間隔まで計算することが可能である。

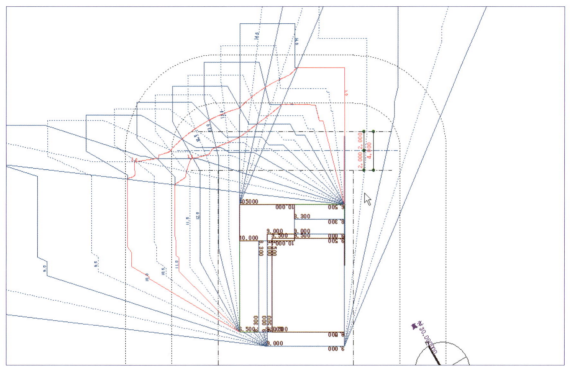

時刻日影図に等時間日影図を追記

3·1·1·4　指定点日影時間計算

指定した点上の日影となる時間を計算する機能である。日影時間をグラフで表示することもできる。

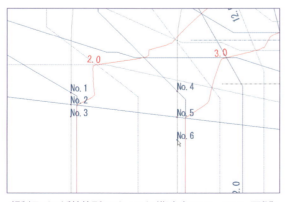
規制ライン近接箇所でチェック（指定点No.1～No.6、西側）

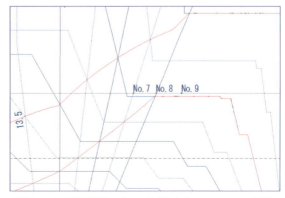
規制ライン近接箇所でチェック（指定点No.7～No9、北側）

```
NO.1  [ 1:52' 00"]  ( 8:08' 00")-(10:00' 00")
NO.2  [ 1:57' 30"]  ( 8:00' 00")-( 9:57' 30")
NO.3  [ 1:57' 30"]  ( 8:00' 00")-( 9:57' 30")
NO.4  [ 2:38' 30"]  ( 8:21' 30")-(11:00' 00")
NO.5  [ 2:54' 30"]  ( 8:00' 00")-(10:54' 30")
NO.6  [ 2:54' 30"]  ( 8:00' 00")-(10:54' 30")
NO.7  [ 2:27' 10"]  (13:03' 00")-(15:30' 10")
NO.8  [ 2:57' 00"]  (13:03' 00")-(16:00' 00")
NO.9  [ 2:57' 00"]  (13:03' 00")-(16:00' 00")
```
指定点No.1～No.9の日影時間

指定点No.1～No.9の日影時間のグラフ表示機能

3·1·1·5 壁面日影図

一般的に日影図というと、地盤面(水平面)に落ちる影を対象とするが、壁のような垂直面に落ちる壁面日影図を作成する機能である。

周辺の建物による日影の影響、あるいは計画する建物の日影が周辺に与える影響を見る場合には、時刻日影図よりも直感的でわかりやすい。

壁面日影図で作図可能なものは、時刻日影図、等時間日影図、指定点日影時間計算である。

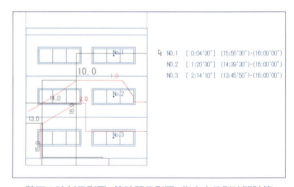

壁面の時刻日影図、等時間日影図、指定点日影時間計算

3·1·1·6 太陽軌跡図

太陽軌跡図を作成する機能である。太陽軌跡図は、「日影図」コマンドではなく「天空図」コマンドで行う。

天空図に、建物のシルエットと時間ごとの太陽の動きを軌跡として入れることができる。壁面日影図同様に、建物による日影の影響が直感的にわかる機能である。

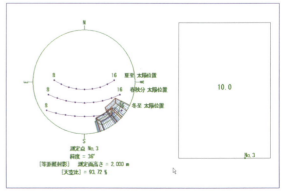

太陽軌跡図

3・2 日影図の作図

作図する日影図の対象は、住居系の地域で、北側4m道路に接する敷地に建つ3階建物を想定した。測定条件は以下のとおりに設定する。
- 北緯：36度
- 季節：冬至
- 日影規制時間：3時間、2時間
- 測定面高さ：1.5m

下図は、その建物の配置図および建物の平面図である。日影図を作図する場合は、あらかじめこの図面を作図しておく。

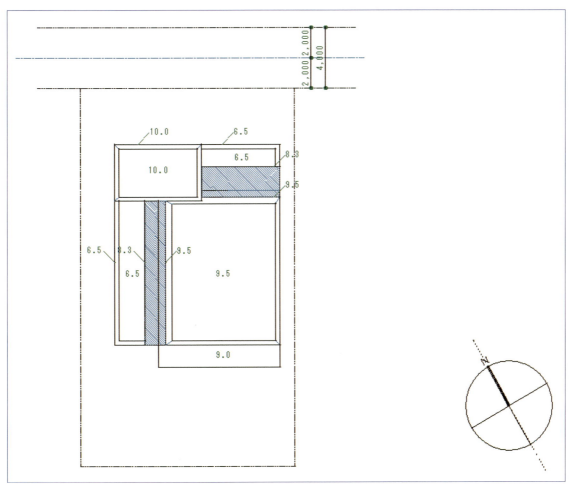

日影図を作成する配置図（敷地図と建物の平面図）
平面図上の数値は地盤面からの高さ。ハッチ部分は斜壁を表す

| 1 日影図と天空率 | 2 建物ボリューム | | 4 Jw_cadの天空図機能 | A 真北の求め方 |
| 3 Jw_cadの日影図機能 |

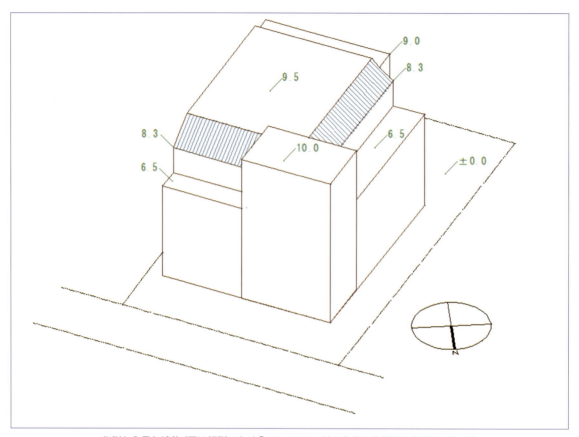

北側から見た建物（図は解説のため「2.5D」コマンドで立体を作図後に編集している）

日影図は、複数のレイヤを使い分け、レイヤの表示状態を切り替えながら作業する方が作図しやすい。また、建物の各部分の高さ設定では、複数のレイヤを必要とすることも多い。このため、レイヤ表示状態の切り替えで混乱のないよう、あらかじめ目的別にレイヤ分けやレイヤ名をきちんと設定し、まとめておくとよい。
Jw_cadは、16個のレイヤで1つのレイヤグループを形成するようになっているので、16個以内のレイヤで1種類の図面を作図するようにすると、レイヤ操作もわかりやすく、図面を確認する場合にも見やすい。

☞ Jw_cadでは、レイヤグループが異なれば図面の縮尺を変えることができるので、複数のレイヤグループを使い分けて異なる図面を作図する場合は、すべてレイヤグループの縮尺を同じにする（特別な理由がない限り）。

3章の解説では、0レイヤグループ内で、以下のようにレイヤ分けして作図する。
- 主に道路、敷地や建物の屋根伏図、方位図、日影規制ラインなど（0レイヤ）
- 真北の設定（8レイヤ）
- 高さ設定をした建物ボリューム（1～5レイヤ）
- 日影計算した日影図（9～Cレイヤ）

☞ Jw_cadのレイヤグループ番号およびレイヤ番号は0～9、A～Fと決められている。レイヤグループ名およびレイヤ名は任意に設定できる。

3・2・1 敷地条件の作図

まず、あらかじめ作図した配置図から、敷地図や建物平面形状の屋根伏図をコピー＆貼付したあと、5m、10mの規制ラインの作図、真北の設定、日影図の測定条件を設定する。Jw_cadで他図面から図をコピー＆貼付を行う場合は、作図属性やレイヤを確認すること。

3・2・1・1 配置図から敷地と建物をコピー＆貼付

❶
Jw_cadを起動し、配置図を作図した図面を開く。

❷
「範囲選択」コマンドを選択する。

❸
日影図作図に必要な図の部分（敷地線、建物ボリューム、道路線、方位記号）をすべて選択する。

❹
「コピー」コマンドを選択する。

❺
Jw_cadを別にもう1つ起動し、日影を作図する図面を開く。

❻
書込レイヤを0レイヤグループの0レイヤ（0−0）に設定する。

レイヤグループは1つしか使わないので、以降はレイヤグループについては説明しない。

❼
「貼り付け」（貼付）コマンドを選択する。

❽
コントロールバー「作図属性」を左クリックすると「作図属性設定」ダイアログが開くので、「◆書込レイヤ、元線色、元線種」を左クリックする。

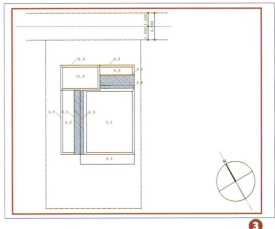

❾
作図ウィンドウ上の目的の位置を指示（左クリック。または特定の読取点があれば右クリック）して、❹でコピーした図を貼り付ける。

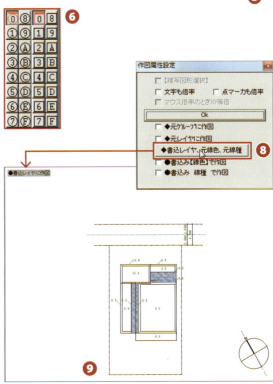

3·2·1·2 規制ラインの作図

5m、10mの規制ラインは「複線」コマンドと「面取」コマンドを使う。「複線」コマンドで敷地境界線および道路中心線から5mと10mの平行線を作図し、「面取」コマンドで半径5mと10mの円で丸面取りすればよい。

❶ 5m規制ラインの作図

まず、西側の5m規制ラインを0レイヤに作図する。

❶

「複線」コマンドを選択する。

❷

複線する線として、西側隣地境界線を左クリックする。

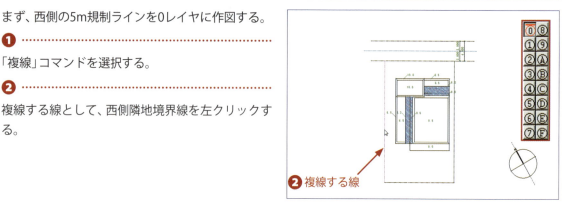

❸

コントロールバー「複線間隔」に、規制ライン5mに該当する「5000」を入力する。

❹

マウスを左側に移動して、複線の仮表示が目的の方向にあることを確認し、左クリックして複線を確定する。

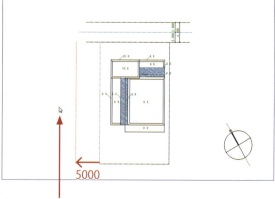

以上で、図のように複線が完了する。

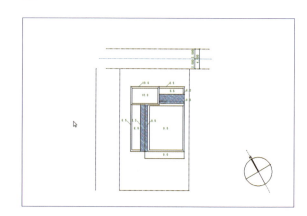

続けて「複線」コマンドで、北側の5m規制ラインを作図する。複線間隔が前回と同じなので、北側道路中心線を右クリック（前回と同じ複線間隔の値で複線する機能）できる。

❺
複線間隔が前回と同じ5000なので、北側道路中心線を右クリックする。

❻
上側に複線を作図する。

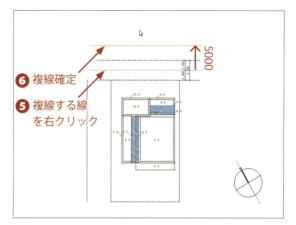

続けて「複線」コマンドで、東側の5m規制ラインを作図する。

❼
東側隣地境界線を右クリックする。

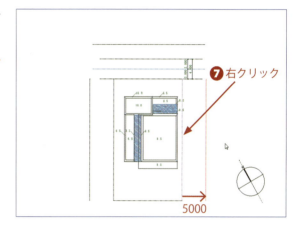

❽
右側に複線を作図する。

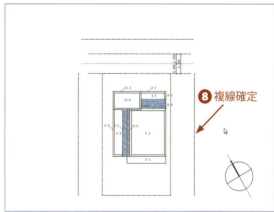

❷ 10m規制ラインの作図

続けて「複線」コマンドで、10m規制ラインを作図する。作図方法は前項の5m規制ラインの場合と同じである。複線の基準線は前項で作図した5m規制ラインを使う。

❶

図のように、西側・北側・東側の5m規制ラインを右クリックして、それぞれ外側に複線間隔5000で複線する。

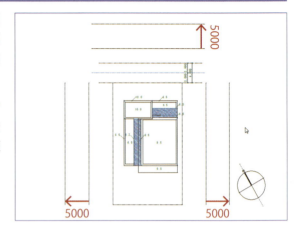

❸ 規制ラインの連結

作図した5mおよび10m規制ラインを、西側と北側、北側と東側をそれぞれ連結する。「面取」コマンドを使う。まず、5m規制ラインの西側と北側から連結する。

❶

「面取」コマンドを選択する。

❷

コントロールバー「丸面」を左クリックして黒丸を付け、「寸法」に「5000」（面取部分も5m規制ラインに揃えるため）を入力する。

❸

面取対象である1本目の線として、北側5m規制ラインを左クリックする（指示する順番は任意）。

❹

面取対象である2本目の線として、西側5m規制ラインを左クリックする。

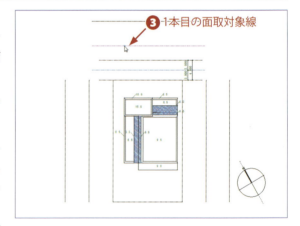

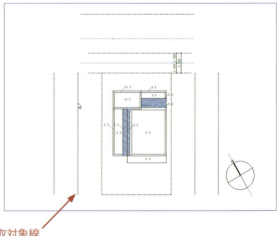

図は、面取の結果である。

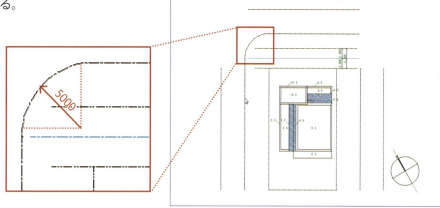

❺
同様にして、北側と東側も、寸法5000で丸面取する。

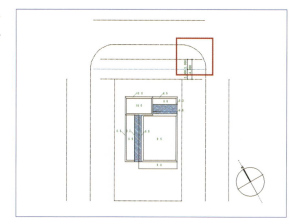

続けて、10m規制ラインも連結する。面取り寸法は10000とする。

❻
図のように、3本の10m規制ラインを寸法10000で丸面取して連結する。

以上で、規制ラインの作図が完了した。

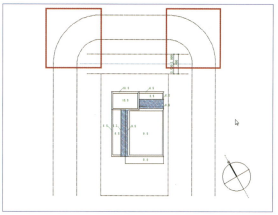

3·2·1·3 真北の設定

日影計算時は、真北の設定をしたレイヤを編集可能な状態にしておく必要がある。非表示レイヤや表示のみレイヤの場合は、真北方向が認識されない。

❶
書込レイヤを8レイヤに切り替え、配置図からコピー＆貼付してある方位記号の0レイヤを表示のみレイヤに切り替える。

❷
「線」コマンドで、0レイヤ上のグレーの線をガイドにして、真北方向の線をトレースして作図する。

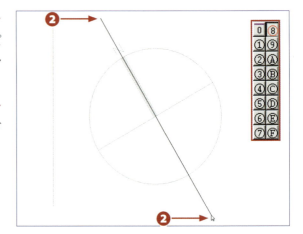

❸
「日影図」コマンドを選択して、コントロールバー「真北」を左クリックする。

❹
ステータスバーのメッセージを確認して、❷で作図した方位方向線の北側端点付近を左クリックする。

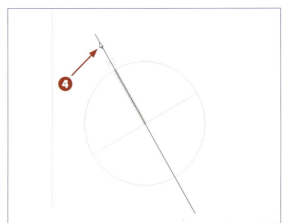

図のように、真北と画面縦方向からの反時計回りの角度の文字が作図され、真北の設定が完了する。

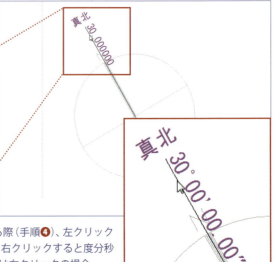

真北方向の線を指示する際（手順❹）、左クリックすると度単位（十進数）、右クリックすると度分秒の角度表示になる。右図は右クリックの場合

3·2·1·4 測定条件の設定

測定条件とは、日影の測定高さ、測定地点の緯度、測定時期などである。ここでは、「日影図」コマンドでの測定条件設定方法について説明する。

❶

「日影図」コマンドを選択して、コントロールバーの各項目を以下のように設定する。

- 「測定高」：日影の測定面高さ（単位：m）
  任意の数字が入力できるが、「1.5」「4」「6.5」のいずれかを入力する。ここでは「1.5」を入力する。
- 「緯度」：測定位置の緯度：（25°～46°まで。単位：度（十進数））
  度分秒での角度入力も可能。例えば「32°25′30″」の場合、「32@@25@30」または「32＊25＊30」と入力することで、「32.425」と、度（十進数）単位に変換されて表示される。ここでは「36」を入力する。
- 「季節」
  「冬至」を選択する。「任意時期」を選択すると日赤緯を入力するダイアログが開くので、測定時期の日赤緯を入力する。
- 「9～15時」
  測定時間帯は8～16時が標準だが、チェックを付けると9～15時で計算する。9～15時は北海道で使用する。ここではチェックを付けない。
- 「書」
  左クリックすると、上記で設定した測定条件が1行の文字列として図面に作図される。

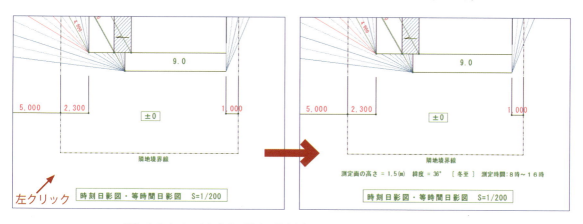

「書」を左クリックしたら、続けて「測定条件」を作図する位置を左クリック

3·2·2 建物ボリュームの作図

日影・天空率計算では、建物の平面形状を立体的なデータにしなければならない。ここでは、前項で作業した図面を基に建物ボリュームを作成するが、建物ボリュームについて復習しておく。

- 建物ボリュームは、「線」(「／」)コマンドや「矩形」(「□」)コマンドで平面形状を作図し、「日影図」または「天空図」コマンドで高さを設定して立体を作成する。「2.5D」コマンドでも同様に立体を作成できるが、この場合は日影計算の対象とはならない。
- 建物ボリュームは、平面形状の頂点(線の端点)に高さを設定して作図するので、高さの設定は、必ず平面形状を作図したレイヤで行う。
- 高さの異なる端点が平面形状で重なる場合は、レイヤを分けて、それぞれの平面形状の作図および高さの設定を行う。
- 平面形状が複雑になると使用するレイヤも増えてしまうことは避けられない。レイヤが増えると表示状態の切り替えも煩雑になるので、レイヤはできるだけ少なくまとめるようにする。
- 日影図は建物ボリューム全体の最大の輪郭線で計算されるので、個々のボリュームは重なっていてもかまわない。
- 平面形状が円や曲線では高さが設定できないので、直線に分割するなどしておく。
- 建物ボリュームは日影計算では必要だが、完成図面では必要ないので、日影計算が終わったら、建物ボリュームを作図したレイヤは非表示レイヤにする。

3·2·2·1 建物ボリュームの高さ設定

ここでは、p.91〜95で作業した0レイヤを表示のみレイヤとして、最初は建物ボリュームを作図する1レイヤを書込レイヤとする(順次、1〜5レイヤに切り替える)。グレー表示の0レイヤの建物をトレースしながら平面形状を作図し、それらに高さを設定する。

❶
書込レイヤを1レイヤに切り替え、「矩形」コマンドを選択して、図のような長方形を作図する(0レイヤのグレーの線をトレースする)。

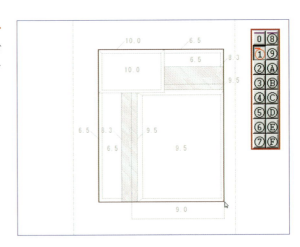

❷
「日影図」コマンドを選択して、コントロールバー「高さ(m)」に「6.5」を入力する。

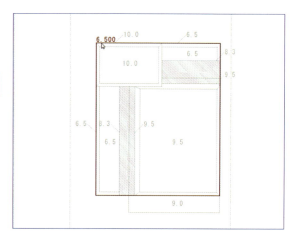

❸
ステータスバーのメッセージを確認し、❶で作図した長方形の1辺の端点付近を左クリックする。

> 高さの設定や変更は左クリック、作図済みの高さを取得する場合は右クリック、作図済みの高さを消去する場合は左ダブルクリックする。

❹
同様に、長方形の他の辺の端点付近を左クリックして、高さを6.5mに設定する。

図のように、4カ所とも、文字列「6.500」の左下(文字基点)が線端点に合わされて作図される。

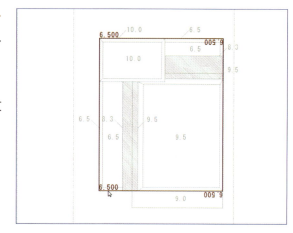

❺
以下、同様にして、書込レイヤを適宜切り替えながら、他の高さの建物ボリュームを作図する。

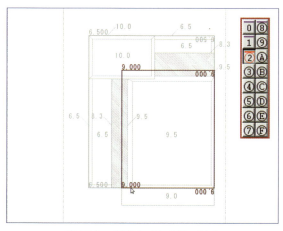

高さ9.0m(書込レイヤ:2レイヤ)
高さ10.0mのボリュームと重なっているが、影響がないので、入力しやすい単純な形で作図すればよい

高さ9.0m～9.5mの斜壁部分(書込レイヤ:3レイヤ)

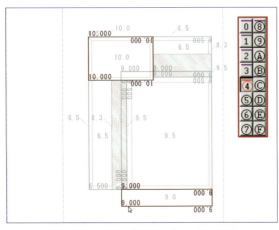
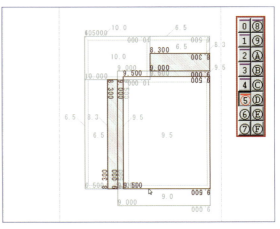

高さ10.0mと9.0m（書込レイヤ：4レイヤ）
ボリュームの高さが異なっていても端点が重ならないので同じレイヤに作図できる

斜線部分と屋上のボリューム（書込レイヤ：5レイヤ）

3・2・2・2 建物ボリュームの立体確認

作図した建物ボリュームが計画どおりに作図できたかを確認する。

❶
作図した建物ボリュームのすべてのレイヤを編集可能レイヤにして、コントロールバー「確認」を左クリックする。

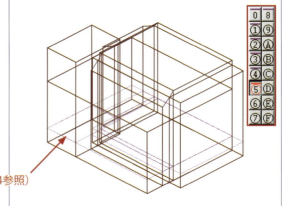

測定面の高さ＝1.5m（p.64参照）

❷
コントロールバーのボタン（p.65参照）を使用して視点を変え、全体を確認する。

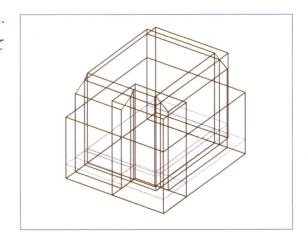

3·2·3 時刻日影図の作図

これより日影図各図を作図する。まずは日影図の中でも基本的な時刻日影図を作図する。なお、作図前に日影図測定面高さの表示（ここでは1.5m）を確認しておく。また、日影図は書込線色で作図されるので必要に応じて設定する。ここでは書込レイヤを9レイヤとする。

❶

書込レイヤを9レイヤに切り替え、コントロールバー「日影図」を左クリックする。

❷

コントロールバーの表示が変わるので、作図する時刻を左クリックする（ここでは「30分毎」）。「時間指定」を選択すると指定した時間の日影図が作図される。

日影が計算され、p.97のコントロールバーの設定で、時刻日影図が作図される。

> コントロールバーを元に戻す場合は、コントロールバー「<<」ボタンを左クリックするか、再度「日影図」コマンドを左クリックすればよい。

▶ 日影図作図時にエラーが表示される場合

高さ設定の入力ミス、真北線の未設定などがあると、日影図作図時にエラーメッセージが表示される。その場合は、再度、設定値や手順を確認してやり直す。
図Aは、真北線の不備の場合のエラーメッセージ。
図B、図Cは、高さ未設定箇所がある場合のエラーメッセージ（画面左上の表示の他、建物ボリュームの未設定箇所にも「∠未設定」と作図される。

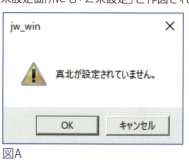
図A

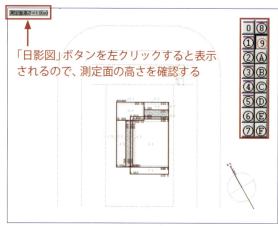

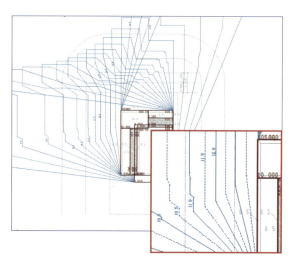

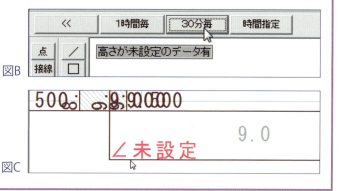
図B
図C

3·2·4　等時間日影図の作図

次に等時間日影図を作図する。等時間日影図は、縮尺・建物形状・計算間隔によって誤差が生じる。計算間隔は選択できるので、パソコンの能力や建物形状の複雑さなどに応じて適宜判断するとよい。いったん作図し、場合によっては精度を上げて作図し直すことも考慮しておく。また、等時間線の作図範囲を指定する（狭める）と、精度を上げることができる。ここでは書込レイヤをAレイヤとする。

3·2·4·1　2時間、3時間の等時間日影図の作図

❶
等時間日影図を作図するAレイヤを書込レイヤに、時刻日影図を作図した9レイヤを表示のみレイヤに切り替える。線属性は必要に応じて変更する。

❷
「日影図」コマンドのコントロールバー「等時間」を左クリックする。

❸
コントロールバーの表示が変わるので、「1分間隔計算」を左クリックして、「10秒間隔計算」に切り替える（計算間隔が短い方が精度が高い）。

❹
作図時間（ここでは「2.0時間」）を左クリックする。

画面左上に「測定ピッチ」のメッセージが表示され、2時間の等時間線が作図される。図の場合、10秒間隔の計算で測定ピッチが0.28m＝28cmになっている。

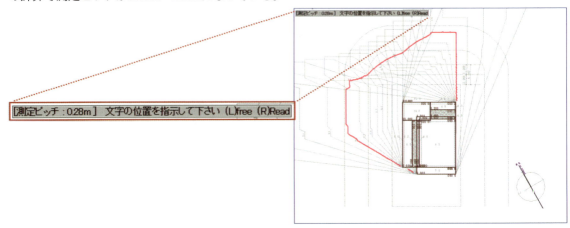

❺
「測定ピッチ」のメッセージが表示されるので、あとからのチェックのためにメッセージに従い、図面上の適当な位置を左クリックして測定ピッチを記入する。

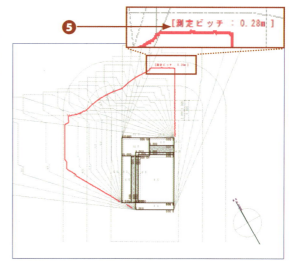

❻
続けて、コントロールバー「3.0時間」を左クリックして3時間の等時間線を作図する。

❼
コントロールバー「≪」ボタンを左クリックするか、再度「日影図」コマンドを選択して、コントロールバーを元に戻す。

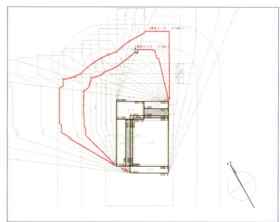

3·2·4·2 作図した等時間日影図の確認

作図した等時間日影図が適当かどうかを確認する。確認の目安は、作図後に表示される測定ピッチの間隔が、規制ラインと等時間線の間隔以下となることである。

3時間等時間線（ピンク色の線）の北東角付近を拡大表示すると、等時間線のガタツキが大きく、北側の規制ラインと等時間線が接近しているので、ここの間隔を測定する。

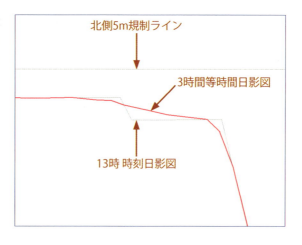

❶

「間隔取得」(間隔) コマンドを選択する。

❷

ステータスバーのメッセージに従い、間隔を測定する基準線 (ここでは北側5m規制ライン) を左クリックする。

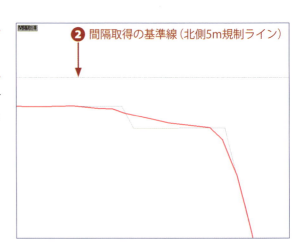

基準線からマウスに追随して矢印が仮表示される。

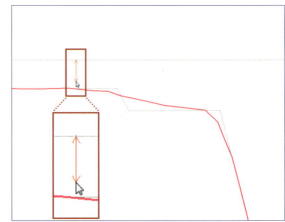

❸

間隔を測定したい箇所を左クリックすると、画面左上に数値が表示される。ここでは約145mmの間隔となった。

測定ピッチの28cm (p.102参照) に対して、間隔が約145mm＝14.5cmでは、実際には等時間線が規制ラインを超えることも考えられる。したがって、計算範囲を指定して精度を上げて再度作図する必要がある。

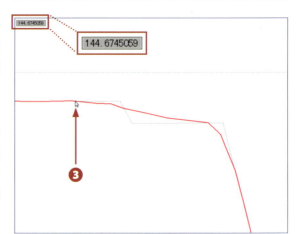

> 作図済みの日影図を消去する場合、時刻日影線や等時間日影線は曲線属性をもっているので、「消去」コマンドで線を右クリックすると、時刻ごとに線と文字がまとめて消える。

3·2·4·3 範囲指定による等時間日影図の作図

等時間日影図を、範囲を指定して精度を上げる方法を紹介する。

❶
「日影図」コマンドで、コントロールバー「等時間」を左クリックし、切り替わったコントロールバーで「範囲指定」を左クリックする。

❷
等時間日影を計算する範囲として、図のように、真北方向を基準とした（真北方向に平行な）10m角以上の大きさの矩形で、始点と終点を対角線で指示して範囲指定する。図の場合、範囲指定外の等時間日影図の線は時刻日影図の線と重なるので、あとで「線」コマンドで作図することとする。

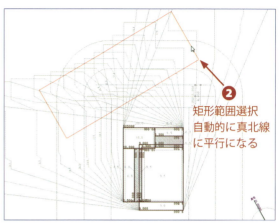

矩形範囲選択
自動的に真北線に平行になる

❸
範囲を指定したら、コントロールバー「10秒間隔計算」を左クリックして、計算間隔を「4秒間隔計算」に変更する（範囲指定では計算間隔は10秒か4秒を選択できる）。

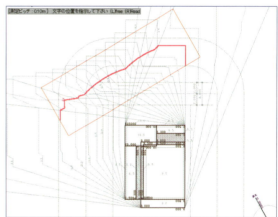

❹
コントロールバー「2.0時間」を左クリックして2時間の等時間日影図を作図し、p.103と同様にして図面に測定ピッチを書き込む。

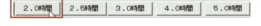

❺
同様にして、3時間の等時間日影図を作図する。

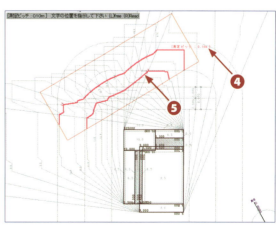

10cmの測定ピッチで等時間日影図が作図された。前ページ❸で測定した3時間等時間日影図の線と北側5m規制ラインの間隔である約14.5cm未満となったので、ここは安全側と言える。
なお、ここでの例のように、計算間隔が短いほど、また指定する範囲が小さいほど、測定ピッチは小さくなって測定精度が上がる。

作図対象外（指定範囲外）だった部分の等時間線を作図する。

❻

「線」コマンドを選択して、図のように、時刻日影図の線をトレースして作図する。

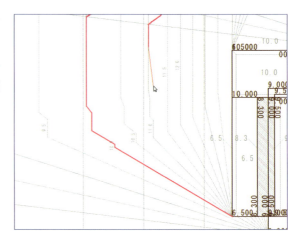

範囲指定による等時間日影図が完成した。
測定ピッチは図のように図面右下の適当な位置に記入（p.103参照）しておき、日影図作図後の最後でレイアウトを整理する際に移動するのがよい。

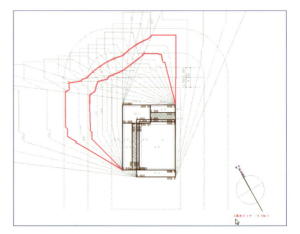

3·2·5 指定点日影時間の計算

指定点日影時間の計算とは、マウスで指示した特定地点の日影時間を計算する機能である。測定ピッチと同様、計算結果を図面上に記入できる。規制ラインと等時間線が接近している場合、つまり余裕のない箇所などで地点をピンポイントで指定して日影時間を計算する。計算精度は「1分間隔計算」か「10秒間隔計算」が選択できる。

ここでは、西側の8時と10時の時刻日影図の交点と8時と11時の交点、および北側の16時と13時の交点前後の規制ライン上の地点に指定点を作図し、日影時間を計算する。なお、規制ライン上に読取点がない（右クリックできない）場合は、事前に交点などを作図しておく。ここでは書込レイヤをBレイヤとする。

図は、このあと作業する指定点No.1～No.9の設定（作図）が完了した結果の図である。No.1～No.3は10m規制ライン上、No.4～No.9は5m規制ライン上に設定した。

なお、No.3、No.6、No.9の地点には読取点がないので、それぞれNo.2、No.5、No.8を中心に、No.1～No.2間、No.4～No.5間、No.7～No.8間を半径とする円を作図して、規制ラインと円の交点を作ることで、指定点の地点に読取点を作ればよい。

❶

書込レイヤをBレイヤに切り替え、時刻日影図の9レイヤと等時間日影図のAレイヤを表示のみレイヤに切り替える。

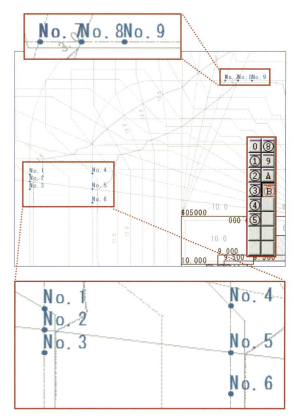

❷

書込線種を補助線に切り替えて、「円弧」（○）コマンドで補助線の円を作図する。北側も同様に作図しておく（結果の図はp.108～109参照）。

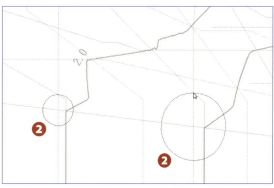

❸

「日影図」コマンドで、コントロールバー「指定点」
を左クリックする。

❹

コントロールバーの表示が切り替わるので、指定点
の初期番号を設定するために「初期No設定」を左ク
リックする。

❺

「日影」ダイアログが開くので、作図した測定点の
No.1から開始するため、まず「1」を入力する。

❻

作図画面に戻り、10m規制ライン上の指定点No.1
の位置として、規制ラインと時刻日影図の交点を右
クリックする。

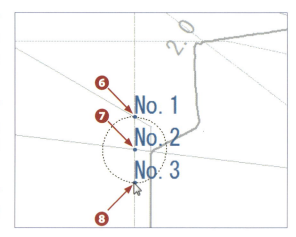

❼

次の指定点No.2を指示する状態になるので、指定点
No.2の位置として、規制ラインと時刻日影図の交点
を右クリックする。

❽

続けて同様にして、指定点No.3の位置として、規制
ラインと円の交点を右クリックする。

❾

同様にして、5m規制ライン上の指定点No.4〜No.6
を図のように設定する。

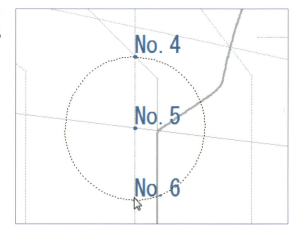

❿

同様にして、北側5m規制ライン上の指定点No.7～No.9を図のように設定する。

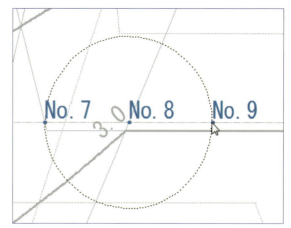

指定点の設定が終わったので、計算する。

⓫

コントロールバー「10秒間隔計算」を左クリックする。

⓬

ステータスバーのメッセージに従い、計算結果を作図する位置を指示すると（ここでは図の位置）、計算結果が作図されるので、計算結果を確認する。

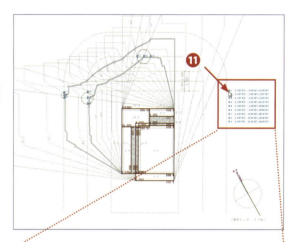

各指定点ごとの日影時間が計算され、作図される。指定点ナンバーの右の［　］が日影時間の合計値、その右の（　）－（　）が日影となる時間帯である。この結果から、2時間規制に対しては指定点No.2とNo.3が2分30秒の余裕、3時間規制に対しては指定点No.8とNo.9が3分の余裕があることがわかる。間隔10秒以上の余裕があるので、安全側と言える。

NO.1	[1:52'00"]	(8:08'00")-(10:00'00")
NO.2	[1:57'30"]	(8:00'00")-(9:57'30")
NO.3	[1:57'30"]	(8:00'00")-(9:57'30")
NO.4	[2:38'40"]	(8:21'30")-(11:00'10")
NO.5	[2:54'30"]	(8:00'00")-(10:54'30")
NO.6	[2:54'30"]	(8:00'00")-(10:54'30")
NO.7	[2:27'10"]	(13:03'00")-(15:30'10")
NO.8	[2:57'00"]	(13:03'00")-(16:00'00")
NO.9	[2:57'00"]	(13:03'00")-(16:00'00")

⓬で計算結果を記入する前に、コントロールバー「グラフ無」を左クリックして「グラフ作図」に切り替えると、指定点の日影の時間帯を図のようにグラフで表示することができる。

3·2·6 日影図の完成

日影の測定条件や図面確認のための情報を追記し、全体のレイアウトを整え、日影図を完成させる。ここでは書込レイヤをCレイヤとする。

3·2·6·1 測定条件の記入

❶ Cレイヤを書込レイヤに切り替える。

❷ コントロールバーの測定条件を確認してOKであれば、「書」を左クリックする。

❸ 測定条件を記入する位置を指示する。

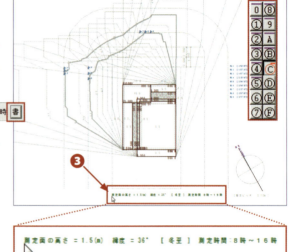

記入する測定条件の文字種（文字のサイズ、文字と文字の間隔、文字の色）は基本設定の「jw_win」ダイアログで行う。
「基本設定」コマンドを選択すると「jw_win」ダイアログが開くので、「文字」タブにある「日影用高さ・真北、2.5D用高さ・奥行きの文字サイズの種類指定（1～10）……」で設定している文字種による。

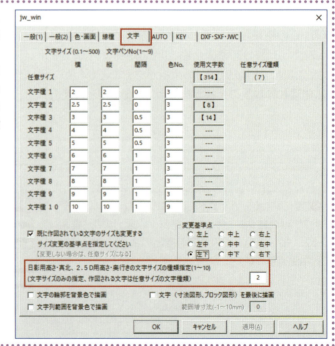

3·2·6·2 影倍率表、日影長さ表、方位角倍率図の作図

作成した日影図を確認するための図や表を作図する。書込レイヤはCレイヤのままである。
- 影倍率表　　：時刻ごとの太陽高度や方位角、影長倍率などの一覧表
- 日影長さ表　：指定した高さの時刻ごとの影長倍率と日影長さの一覧表
- 方位角倍率図：太陽方位角、影長倍率が書き込まれた時刻ごとの太陽方位図

なお、日影長さ表の日影長さの数値と、時刻日影図などの図の線の長さは計算精度が違うため、表の数値と図の線長を測定した結果とは必ずしも一致しない。

❶ 影倍率表の作図

❶
「日影図」コマンドのコントロールバーで、時刻日影図を作図する「日影図」を左クリックする。

❷
コントロールバーの表示が切り替わるので、「影倍率表」を左クリックする。

❸
影倍率表を記入する位置を指示する。

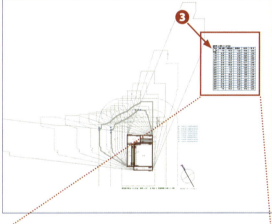

❷ 日影長さ表の作図

①

「日影図」コマンドのコントロールバーで、時刻日影図を作図する「日影図」を左クリックする。

②

コントロールバーの表示が切り替わるので、「日影長さ表」を左クリックする。

③

「日影」ダイアログが開くので、基準とする高さ(ここでは計画建物で最も高い10mとした)を入力して、「OK」を左クリックする。

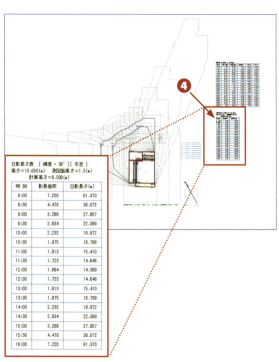

④

日影長さ表を記入する位置を指示する。

❸ 方位角倍率図の作図

①

「日影図」コマンドのコントロールバーで、時刻日影図を作図する「日影図」を左クリックする。

②

コントロールバーの表示が切り替わるので、「方位角倍率図」を左クリックする。

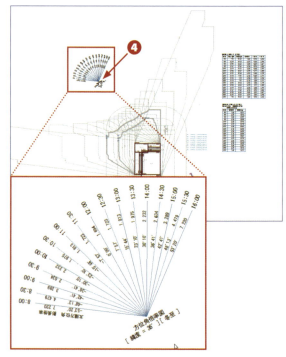

③

「日影」ダイアログが開くので、作図する方位角線の長さ(ここでは初期設定の50mmとした)を入力して、「OK」を左クリックする。

④

方位角倍率図を記入する位置を指示する。

3·2·6·3 レイアウトを整え、日影図を完成させる

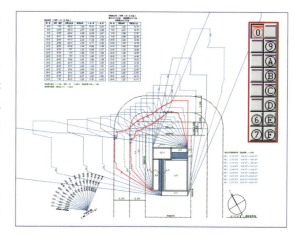

❶
必要に応じて規制ラインの寸法線などを追記する。

❷
「図形移動」コマンドで、図、表、等時間日影図で書き込んだ測定ピッチ、測定条件を見やすい位置に移動するなどして全体のレイアウトを整え、日影図を完成させる（図は1例）。

❸
建物ボリュームの1～5レイヤと真北を設定した8レイヤは非表示レイヤに、それ以外は編集可能レイヤに切り替える。

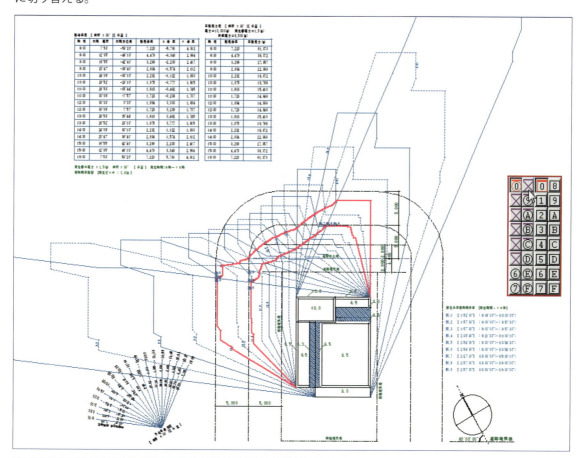

完成した日影図では、1～5レイヤおよび8レイヤを非表示レイヤに切り替えたうえで、さらにプロテクトレイヤに設定している。プロテクトレイヤとは、通常の切り替え操作では状態を変更できないレイヤで、誤って変更したりしないよう、不要な図を非表示にしている。プロテクトレイヤの設定は、書込レイヤ以外で、「Ctrl」キーと「Shift」キーを同時に押しながら目的のレイヤボタンを左クリックする。解除する場合は、再度同じ操作をすればよい。

3・2・7 壁面日影図の作図

前節までは、初期設定である地盤面から1.5mの高さの水平面（p.100参照）に生じる日影図を作成した。Jw_cadでは、垂直面に生じる日影図（壁面日影図）も作成できる。ここでは、計画建物の北側に近隣建物を想定し、計画建物によってどの程度日影の影響を受けるか、壁面に生じる日影図（壁面日影図）を作図して確認する。ここでは書込レイヤをAレイヤとする。

3・2・7・1 壁面日影図作図の準備

これまで日影図を作図してきた建物ボリュームを計画建物として、道路を挟んで北側に、図のような近隣建物（高さ10m）を用意する（ここでは作図済みとする）。この近隣建物の道路に面する壁（南壁）に生じる日影の図面を作図する。

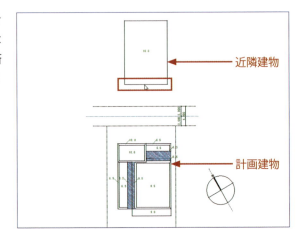

❶ あらかじめ、近隣建物の壁面日影図を作成する壁面の位置に立面図を作図する。

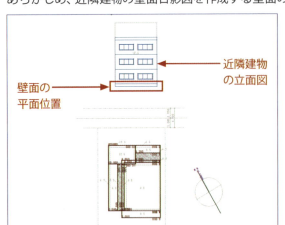
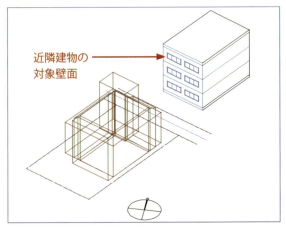

立面図は日影計算には必要ないが、視覚的にわかりやすくなるので、あらかじめ作図済みの図面からコピー＆貼付で作図してある（説明は割愛する）。また、図は、近隣建物を「2.5D」コマンドで作図後、見え隠れの線を消去するなどの編集を行った壁面日影図の作図要領を理解するための参考図である。

3·2 日影図の作図

❷
Aレイヤを書込レイヤに切り替える。

❸
「日影図」コマンドを選択し、コントロールバーの「測定高」を「0」にし、他の測定条件も確認してから、「壁面」を左クリックする。

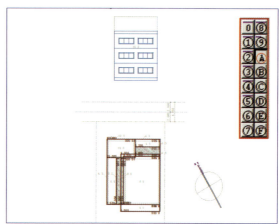

❹
コントロールバーの表示が変わる。

ステータスバーのメッセージに従い、近隣建物の平面図の日影図を作図する壁面の線を左クリックする。

クリックした壁面の線が選択色になる。この状態が壁面日影図モードである。通常の日影図作図画面と壁面日影図作図画面およびそれらの操作手順は、壁面の線が選択色になる以外はまったく同じである。このため、以降、この線が選択色になっている（壁面日影図モード）であることを常に確認しながら作業を行う。

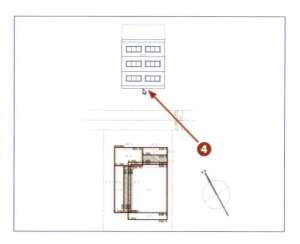

3·2·7·2　壁面時刻日影図の作図

壁面日影図のうち、まず、壁面時刻日影図を作図する。

❶
壁面日影図モードであることを再度確認して、コントロールバー「日影図」を左クリックする。

❷
コントロールバーの表示が変わるので、時間（ここでは「1時間毎」）を選択する。

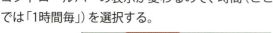

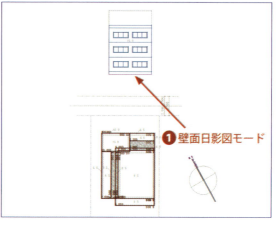

115

壁面日影が計算され、壁面日影図が作図される。

☞ここで、コントロールバー「《」を左クリックして画面を元に戻すと壁面の線は選択色（壁面日影図モード）のままだが、「日影図」コマンドを選択して画面を元に戻すと壁面の選択は解除され通常の日影図作図状態になる。引き続き壁面日影図を作図する場合は、再度コントロールバー「壁面」を左クリックして壁面の線を指示し直す。

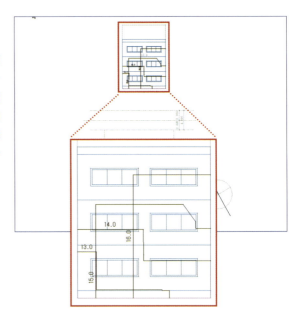

3·2·7·3 壁面等時間日影図の作図

2時間と1時間の壁面等時間日影線を作図する。

❶

壁面日影図モードであることを再度確認して、コントロールバー「等時間」を左クリックする。

❷

コントロールバーの表示が変わるので、「1分間隔計算」を左クリックして、計算間隔を「10秒間隔計算」に変える。

❸

さらに、作図する「2.0時間」を左クリックする。

右上図のように、2時間の壁面等時間線が作図される。測定ピッチ「0.31m」を確認しておく。

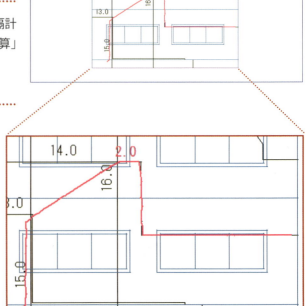

❹
コントロールバー「時間指定」を左クリックする。

❺
「日影」ダイアログが開くので、作図時間として「1」を入力して、「OK」を左クリックする。

以上で、1時間の壁面等時間日影図の作図が完了である。

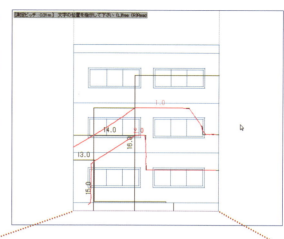

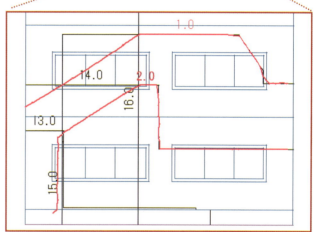

さらに計算精度を上げる場合は、範囲指定で計算するとよい（p.105参照）。
「日影図」コマンドのコントロールバー「等時間」を左クリックし、切り替わったコントロールバーで「範囲指定」を左クリックする。

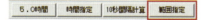

等時間日影を計算する範囲として、例えば図のように範囲指定し、コントロールバー「10秒間隔計算」を左クリックして、計算間隔を「4秒間隔計算」に変更する。

コントロールバー「2.0時間」を左クリックして2時間の壁面等時間日影図を作図する。

続いて1時間の壁面等時間日影図も作図する。
（作図方法は上記❹〜❺を参照）。

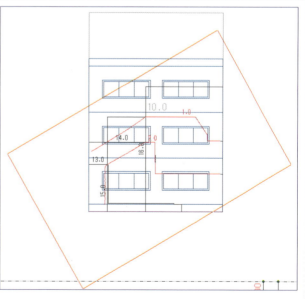

作図をしたら、画面左上の表示で必ず測定ピッチを確認する

3·2·7·4 指定点壁面日影時間の計算

屋内にどの程度の陽当たりがあるかを確認するため、立面図の窓の中央を指定して壁面日影時間を計算する。

❶

壁面日影図モードであることを再度確認して、コントロールバー「指定点」を左クリックする。

❷

コントロールバーの表示が変わるので、「初期No設定」を左クリックする。

❸

「日影」ダイアログが開くので、作図した測定点のNo.1から開始するため、まず「1」を入力する。

❹

日影計算をする点を指示する（No.1〜No.3まで順次。p.108参照）。

❺

点の指定が終わったら、コントロールバー「10秒間隔計算」を左クリックする。

❻

ステータスバーのメッセージに従い、計算結果を記入する位置を指示する。

計算結果が作図される。No.1では約15時55分以降から、No.2では約14時39分以降、No.3では約13時45分以降から日影になることがわかる。

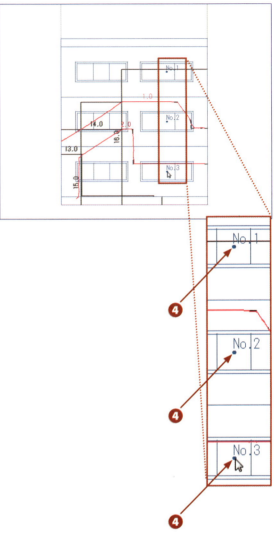

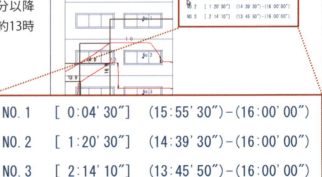

3·2·8 太陽軌跡図の作図

日影図各図の最後に、前ページ「指定点壁面日影時間の計算」で作図した指定点No.3(高さ2m)の位置について、太陽軌跡図を作図する。太陽軌跡図は「天空図」コマンドを使用する。ここでは書込レイヤをBレイヤとする。

❶
Bレイヤを書込レイヤに切り替える。

❷
「天空図」コマンドを選択し、コントロールバー「等距離射影」を左クリックする。

❸
コントロールバーの表示が変わるので、「測定高」に「2」を入力する。

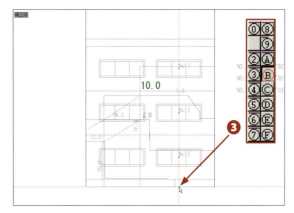

計算する位置を指示する。

❹
指定点No.3の平面的な位置を指示する。

❺
コントロールバーが切り替わるので、「太陽軌跡」にチェックを付け、コントロールバーにチェックボックスが追加されたら、「南方向補正」と「四季」にもチェックを付ける。

☞「天空率計算」チェックボックスはどちらでもよいが、チェックを付けると、「高精度計算」および「射影面積表示」のチェックボックスが追加される。

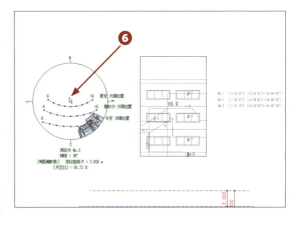

❻
天空図を作図する位置を作図範囲内で指示して、天空図を作図する。

これで、指定点No.3の位置の太陽軌跡図が完成した。図から、No.3は冬至の昼過ぎに影の影響を受けるが、夏至、春秋分では影響がないことがわかる。

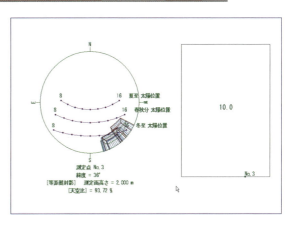

3·3 日影計算の根拠と精度

3·3·1 日影計算の根拠

Jw_cadでは、太陽方位角と影倍率は以下の計算によって算出し、影の座標を求めている。

● 日影計算の基本式
- h：太陽高度　　$h = \arcsin(\sin(\psi) \times \sin(\delta) + \cos(\psi) \times \cos(\delta) \times \cos(\tau))$
- A：太陽方位角　$A = \arcsin(\cos(\delta) \times \sin(\tau)/\cos(h))$
- R：影の倍率　　$R = \cot(h) = 1/\tan(h)$
- ψ：測定地点の緯度
- δ：日赤緯　冬至：−23.45°（−23°27'）　夏至：23.45°（23°27'）　春・秋分：0°
- τ：太陽位置　15×（真太陽時−15時）

● 影の座標
　建物端点の座標値　X_0　Y_0　Z_0　　　影の座標値　$X = X_0 + Z_0 \times R \cdot \sin(A)$　$Y = Y_0 + Z_0 \times R \cdot \cos(A)$

● 日赤緯
　日赤緯とは太陽の天球上の緯度で、日影図を計算する時期で数値が決まる。冬至時には−23.45°（−23°27'）、夏至時には+23.45°（+23°27'）、春分・秋分時には0°となる。

ここでは例として、2018年10月1日の日影図を作図する。

❶「日影図」コマンドを選択後、コントロールバー「季節」ボックスの▼を左クリックして季節を選択するが、ここでは任意の日の計算をするので、「任意時期」を左クリックする。

❷「日影」ダイアログが表示されるので、その日の「日赤緯」の数値を入力する。「日赤緯」は理科年表の太陽の視赤緯の欄で調べる。2018年10月1日は「−03°04′50″」となっているので、この数値を入力する。

日赤緯を時分秒で入力する場合、時分の区切りは「@@」（「@」キー2つ）、分秒の区切りは「@」（「@」キー1つ）を入力すれば、Jw_cadの機能で小数値に自動変換される

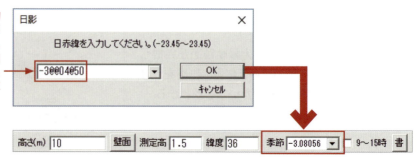

図が、ここでの条件で作図した日影図の例である。

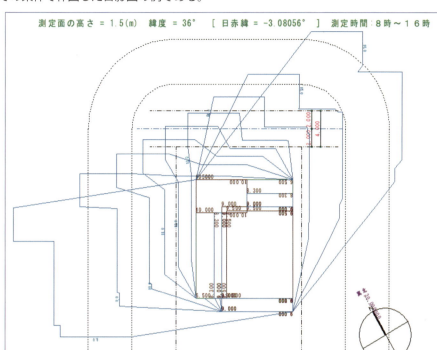

▶ 日赤緯をインターネットで簡単に調べる方法 〜国立天文台の「暦計算室」サイトの利用〜

日赤緯は、国立天文台の「暦計算室」サイト（http://eco.mtk.nao.ac.jp/koyomi/）で調べることができる。

国立天文台の「暦計算室」サイト最上段にあるメニューから「暦象年表」を左クリックし、表示されるページの「太陽」→「太陽の地心座標」をたどり、図の「設定」ボックスで、各項目を入力する。
「1. 年月日」は「2018年10月1日」とする。「2. 時刻」を「0時0分0秒」、「3. 時刻系」を「世界時」とすると、理科年表と同じに値になる。
「5.（オプション）」を「小数表示」にすると、「結果」の度分秒が小数表示となるので、Jw_cadでの入力が楽である。
「7. 表示」を左クリックすると下段に「結果」が表示され、「視赤緯」（＝日赤緯）が確認できる。

国立天文台の「暦計算室」サイト→「暦象年表」→「太陽」の「地心座標」ページ

3･3･2 日影計算の精度

3･3･2･1 建物近くの等時間日影図と日影図の出隅部分

等時間日影図は範囲指定で計算すると作図できるが、範囲外は作図できないので、「線」コマンドで作図するとよい。また、日影図の出隅部分は計算方法と計算精度の関係で大きな誤差が生じやすい。この部分は日影図計算できわめて重要なので、特に留意して作図結果を確認したい。

❶
「日影図」コマンドを選択し、コントロールバー「等時間」を左クリックする。

❷
コントロールバー「1分間隔計算」と「3.0時間」を左クリックし、3時間の等時間日影図を作図する。

図中の赤枠については、以下の図A～Cを参照。

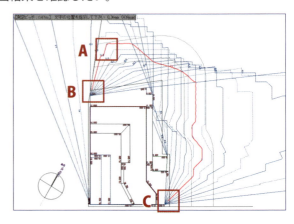

3つの図は、❷の3時間等時間日影図の作図結果の拡大図である。

図**A**は、北西側角の拡大である。時刻日影図に対して角がずれているのがわかる。

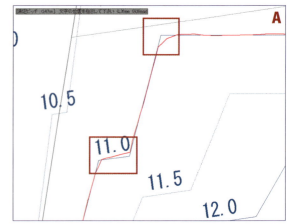

図Bは、北西側角建物近くの拡大である。等時間線が建物まで延びていないのがわかる。

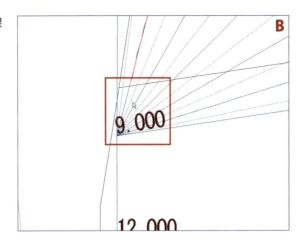

図Cは、南東側角建物近くの拡大である。等時間線が建物まで延びていないのがわかる。

日影規制では問題とならないが、作図する場合は、「線」コマンドなどを使う。

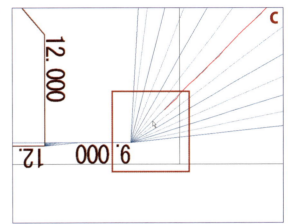

❸

ここで、コントロールバー「範囲指定」(p.105参照)を左クリックし、計算精度を上げて3時間の等時間日影図を作図する。

図中の赤枠については次ページを参照。

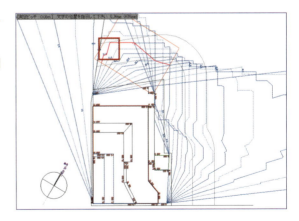

図は、❸の3時間等時間日影図の作図結果の北西側角を拡大したものである。時刻日影図とほぼ重なったことがわかる。

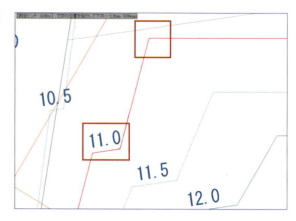

3·3·2·2 等時間日影図の計算精度

等時間日影図は、計算後に「測定ピッチ」が表示されるので、その間隔で計算している。このため、実際の作図では、5mおよび10mの規制ラインとの余裕を「測定ピッチ」以上確保するとよいだろう。
測定ピッチは範囲指定機能で範囲を小さく選択し、計算間隔で「4秒間隔計算」を選択する場合が最も小さくなり、精度が上がる。

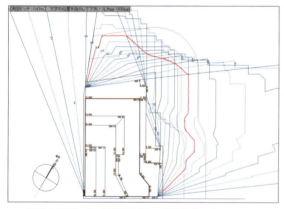

通常の計算 「1分間隔計算」「測定ピッチ：0.47m」

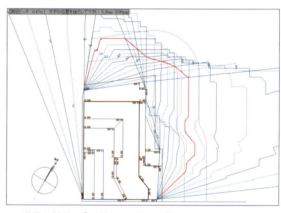

通常の計算 「10秒間隔計算」「測定ピッチ：0.47m」

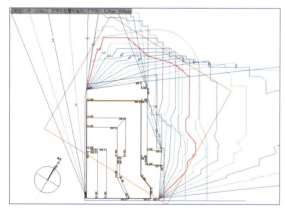

範囲指定（範囲は大きめ）の計算
「10秒間隔計算」「測定ピッチ：0.18m」

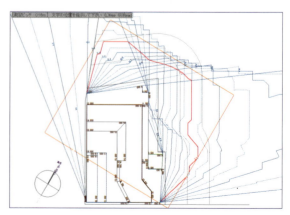

範囲指定（範囲は大きめ）の計算
「4秒間隔計算」「測定ピッチ：0.18m」

同様に、指定点日影時間計算はコントロールバーで指定する測定時間間隔で計算するので、測定時間間隔以上の余裕を確保することが望ましい。
以下、等時間日影図の計算方法の違いによる「測定ピッチ」の違いを図で示す。

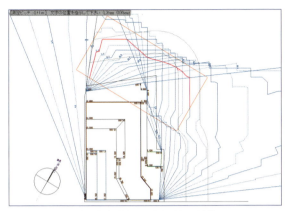

範囲指定（範囲は中程度）の計算
「10秒間隔計算」「測定ピッチ：0.11m」

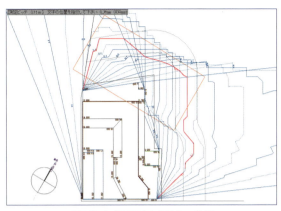

範囲指定（範囲は中程度）の計算
「4秒間隔計算」「測定ピッチ：0.11m」

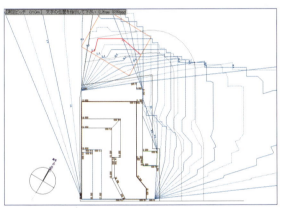

範囲指定（範囲は小さめ）の計算
「10秒間隔計算」「測定ピッチ：0.10m」

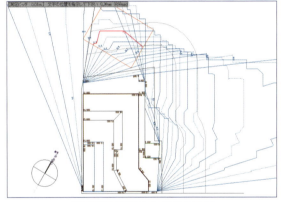

範囲指定（範囲は小さめ）の計算
「4秒間隔計算」「測定ピッチ：0.07m」

3·3·3 日影規制が2つ以上の区域になる場合

作図される時刻日影図の日影線や、等時間日影図の等時間線は、どちらも曲線属性をもった線になっている。
時刻日影図では、時間ごとの線と時間を示す文字列が1つのグループになっていて、「消去」コマンドで線を右クリックすると、グループごと消える。
同様に、方位角線として利用するために「複線」コマンドで選択すると、その時間の影の線全体の複線が作図されてしまう。
等時間日影図の等時間線も同様である。時間ごとの線と文字列がグループになっている。
通常は、そのままで問題となることはないが、日影規制が2つ以上の区域になる場合に、区域ごとに作図するため、日影図を編集する必要が生じる。
例えば、時刻日影図では、区域で測定高さが変わる場合である。等時間日影図では規制時間が異なる場合がある。このグループを解除して線分の集まりにするには、「属性変更」コマンドで曲線属性を解除しなければならない。

図は、規制時間の異なる区域のある等時間日影図の作図例である。この場合、等時間線を区域ごとに分けなければならない。

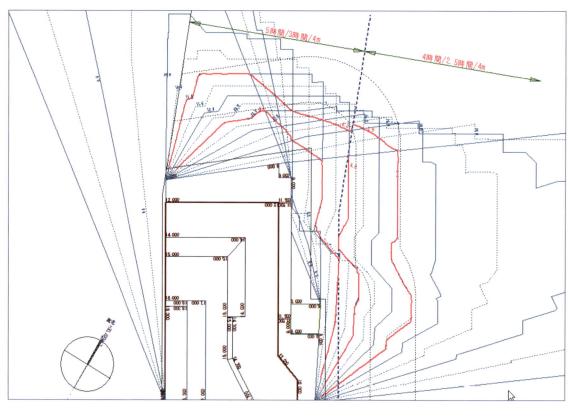

3·3·3·1 時刻日影図の日影線の曲線属性を解除

時刻日影図の日影線の曲線属性を解除する方法を説明する。

❶

「範囲選択」コマンドを選択し、図のように、時刻日影図9時の線を選択する。

ここでは、範囲を適当に小さく指定するのがよい。

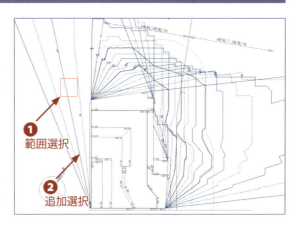

❷

続けて、9時の線を左クリックすると（範囲選択の追加選択機能）、9時の線すべてが選択できる。

❸

コントロールバー「属性変更」を左クリックする。

❹

ダイアログが開くので、「全属性クリアー」にチェックを付けて、「OK」を左クリックする。

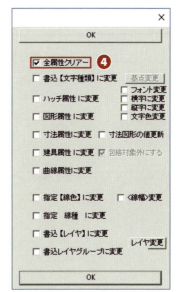

これで、9時の時刻日影図の日影線の曲線属性が解除される。

❺

9時の日影線の適当な部分を「消去」コマンドで指示し、線分単位で消去されることを確認する。

この方法で、曲線属性が解除されたことを確認できる。

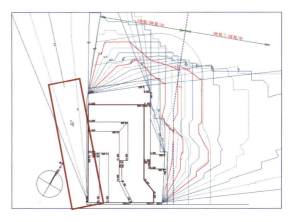

3･3･3･2 等時間日影図の等時間線の曲線属性を解除

等時間線は、時刻日影図の日影の線と同様、曲線属性をもっている。

❶
前ページと同様にして、3時間等時間線を「範囲選択」コマンドで選択し、属性変更で「全属性クリアー」する。

❷
同様に、2.5時間等時間線および4時間等時間線も、属性変更で「全属性クリアー」する。

これで、3本の等時間線の曲線属性が解除される。

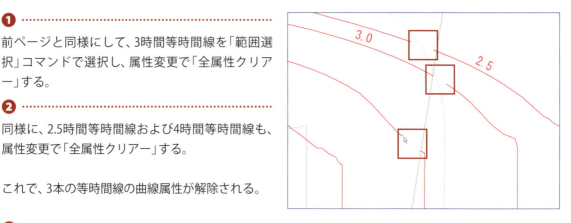

❸
図のように、「消去」コマンドで不要な線を消去する。

曲線属性が解除されているので、線分単位で消去できる（文字は消去されない）。

あとは、目的に応じて等時間線を編集する。下図は、曲線属性解除後の等時間線の編集例である。

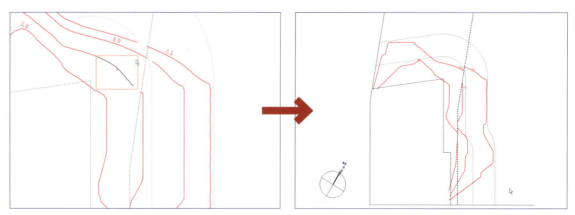

「消去」コマンドで、等時間線の不要な部分を消去していく　　「線」コマンドなどで欠落した等時間線を作図し、編集

3・4 日影図の応用的な作図

3・4・1 建物ボリュームの建築可否を検討

実際の設計では、設計初期の段階で建築物全体の建築ボリュームを把握する必要がある。市販の日影ソフトなどでは、敷地条件から建築可能なボリュームが求められる「逆日影プログラム」と呼ばれるものがあるが、Jw_cadにはそのような機能はない。ただし、日影規制や太陽の動き（高度、方位角など）を理解していれば、ある程度の建築ボリュームを把握できる。ここでは、前節の基本編で採用した例題を元に、その計画段階で日影規制から建築可能な建物ボリュームを検討する過程を解説する（詳細な作図手順は割愛する）。
なお、ここでの測定条件は以下のとおりとする。

- 北緯　　　：36度　　● 規制時間：2時間および3時間　　● 測定高さ：1.5mの冬至日
- 日影図　　：1時間ごと　※ 計画段階なので1時間ごとで検討
- 絶対高さ：建物ボリュームは10m以下　※ 10mの制限があるため

3・4・1・1 建築可能範囲の検討準備

まず、敷地、道路、規制ライン、真北（方位方向線）を作図して、建築可能範囲を検討するための建物を想定して、その平面的な外形を仮に作図する。次に、日影の影倍率表および方位角倍率図を作図する。これを影の長さ（太陽高度）と方向（太陽方位角）の定規として、検討に利用する。いずれも書込レイヤは0レイヤとする。

❶ 敷地、道路、規制ライン、真北、建物外形の作図

❶
図のように、0レイヤに、敷地境界線、道路境界線・中心線、5mおよび10mの規制ライン、真北（方位方向線）を作図する。

❷
建築可能範囲検討用の建物の平面的な外形輪郭を表す長方形を、図のように、「矩形」コマンドで作図する。

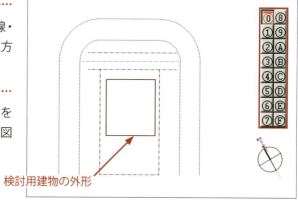

❷ 検討用建物の外形

❷ 影倍率表の作図

時間ごとの日影の長さの倍率を見るため、日影の影倍率表を作図する。

❶

「日影」コマンドを選択し、コントロールバー「日影図」を左クリックする。

❷

コントロールバー「影倍率表」を左クリックする。

❸

影倍率表を作図する位置をマウスで指示すると、30分間隔または1時間間隔の影倍率表が作図される。ここでは1時間間隔とした。

❸で、「Shift」キーを押しながら作図位置をマウスで指示すると、1時間間隔で作図される。

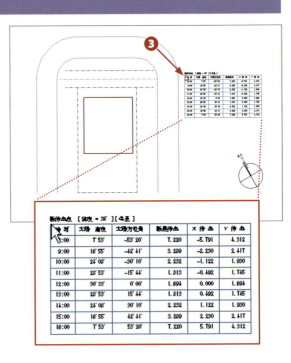

❸ 方位角倍率図の作図

引き続き、時間ごとの方位角の線を使うため、日影の方位角倍率図を作図する。

❶

「日影」コマンドの「日影図」作図モードで、コントロールバー「方位角倍率図」を左クリックする。

❷

方位角線の長さを指示する「日影」ダイアログが開くので、数値（ここでは50mm）を入力する。

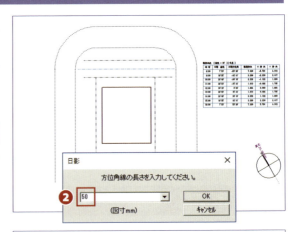

❸

方位角倍率図を作図する位置をマウスで指示すると、影倍率表と同様に、30分間隔または1時間間隔の方位角倍率図が作図される。ここでは1時間間隔とした。

❸で、「Shift」キーを押しながら作図位置をマウスで指示すると、1時間間隔で作図される。

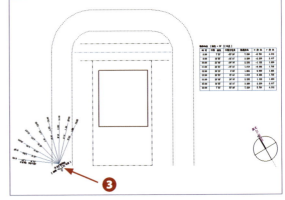

3・4・1・2 太陽方位角による検討

ここで太陽方位角による建築可能な範囲を検討する。
太陽方位角で得られる建築可否を検討する対象は、建物の高さに関係なく、建つ「平面範囲」となる。前項で作図した太陽方位角図のうち、8時と16時に対して日影規制時間の2時間と3時間となる10時と14時、11時と13時の線を、他と区別するために線色や線種を変更し、「複写」コマンドで建物に影のラインを作図する。書込レイヤは適宜切り替えていただきたい。

❶
「図形複写」コマンドで、太陽方位角図の方位角の線を必要なだけ複写する。

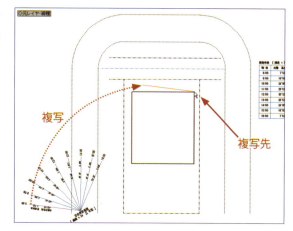

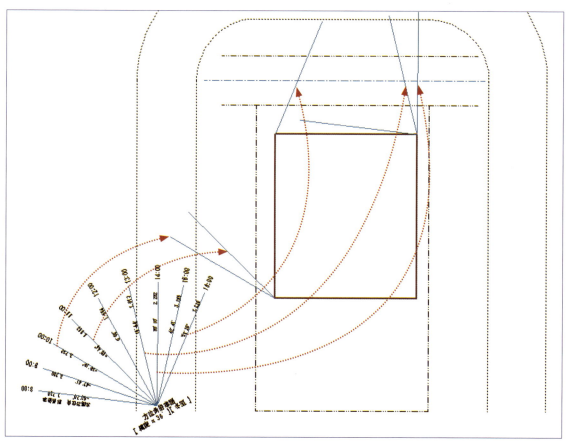

| 1 | 日影図と天空率 | 2 | 建物ボリューム | 4 | Jw_cadの天空図機能 | A | 真北の求め方 |
| 3 | Jw_cadの日影図機能 |

❷
「コーナー処理」コマンドで❶で複写した方位角の線どうしで交点を作り、余分な部分は「消去」コマンドや「伸縮」コマンドで整理する。

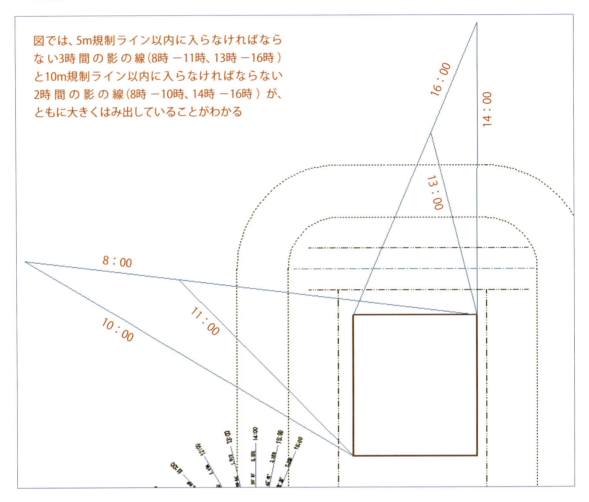

図では、5m規制ライン以内に入らなければならない3時間の影の線（8時－11時、13時－16時）と10m規制ライン以内に入らなければならない2時間の影の線（8時－10時、14時－16時）が、ともに大きくはみ出していることがわかる

上図の検討を受けて、ここでは例として、2時間の影が10m規制ライン内に入るよう、これらの線を移動して建築可能な範囲を作図する。

❸
「図形移動」コマンドで、2時間の6本の日影線（上図の8：00、10：00、11：00および13：00、14：00、16：00）を3本ずつまとめて10m規制ライン上まで移動する。

太陽方位角図で検討した結果は、建築可能な範囲はハッチ部分（斜線を付した多角形）となる。ただし、2時間の影を作る他の時間帯（11時－13時、10時－12時、9時－11時）の検討は行っていないので、実際には建築可能範囲がもっと狭くなる。

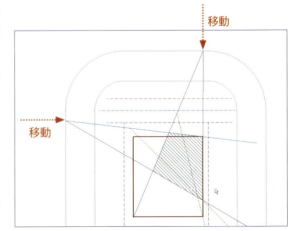

3·4 日影図の応用的な作図

3·4·1·3 太陽高度による検討

次に影倍率表（p.130参照）を使い、太陽高度から、建築可能な範囲を断面的に検討する。前ページで建物に複写した方位角の影のうち、10時、11時、13時、14時の各線と規制ライン（10時と14時は2時間規制なので10mライン、11時と13時は3時間規制なので5mライン）の交点から建物の角までの距離を測定する。

❶

「測定」コマンドを選択し、コントロールバー「距離測定」を左クリックして、図のように距離を測定し、コントロールバー「測定結果書込」を左クリックして結果を書き込む。

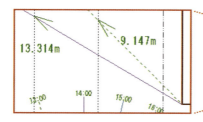

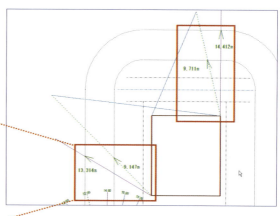

❷

❶で測定した数値を「影倍率表」の「影長倍率」の数値で割る。

図は、別途、電卓で割り算を行った結果を数式として、❶の測定結果を「文字」コマンドで書き替えた。

算出された数値は規制ラインを超えない建物の高さになる（ただし測定高1.5mを基準とした）。
西側では、5.045mと最も低い数値である11時（規制3時間）の線について検討を進める（最も低い数値が最も厳しいとは限らない）。
北側では、5.356mの13時（規制3時間）を同様に検討する。11時の線を測定高さである地盤面+1.5mの水平面として断面図を作成する。

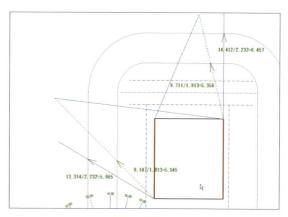

❸

「複線」コマンドで、11時の線を基準に、距離5.045の線を北東側に作図する。

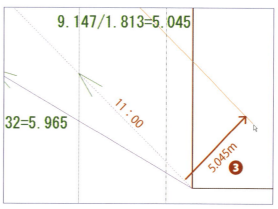

11時の線をGL+1.5mの水平面として断面を作成

❹

「線」コマンドで、建物の角と作図した線の端点を結ぶ線を作図する。

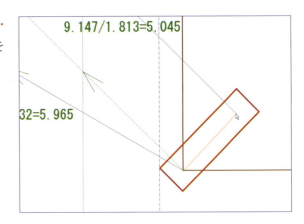

❺

続けて、11時の線と5m規制ラインの交点から、前項で作図した線の端点を結ぶ斜線を作図する。

この斜線は、斜線制限のように建物を11時方向に切った断面の建物高さの上限となる。

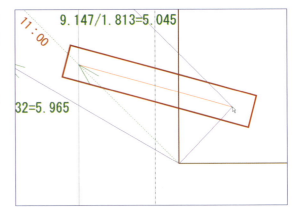

❻

図中の寸法を参考にして、図のように各線を作図する。

図では、解説のためにハッチと寸法を作図してある。なお、建物ボリュームなどを作図してあるレイヤは非表示としている。

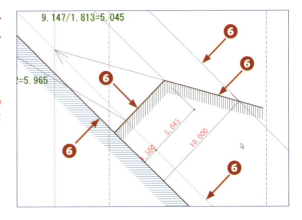

❼

図のように、交点に注意して、敷地境界線に平行な線を点線で作図する。この線が地盤面＋10mの平面的な位置になる。

図では、解説のために、重要な交点に円を作図してある。

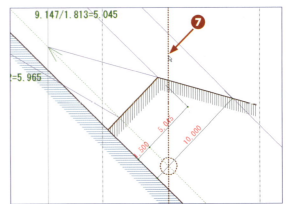

❽
前項で作図を終えた全体を、建物外形などを作図してあるレイヤを表示させて確認する。

図では、地盤面＋10mの平面的な位置を表す線を北側敷地境界線まで縮めてある。

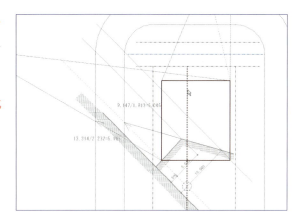

❾
同様に、北側13時の線に対して地盤面＋10mの位置となる線を作図する。

下図は、ここまでの図の概念を立体で表したものである。

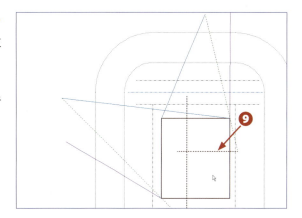

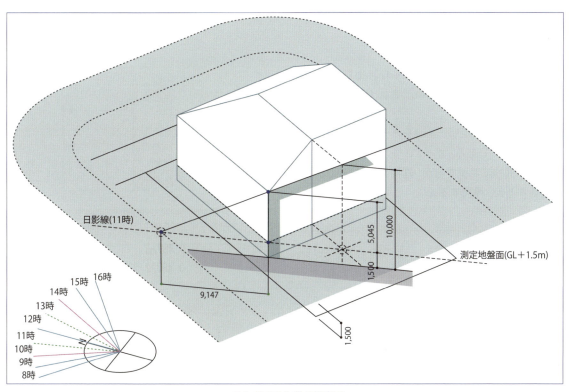

これまでの作業の概念図

3・4・1 4 建築可能高さの検討準備（建物ボリュームの作成）

前項で検討した建物外形に対し高さを設定した建物ボリュームを作成し、建築可能な高さを検討する。西側と北側から平面に落とした線を結んだ範囲が地盤面＋10mの範囲になる。太陽高度による検討で最も低い数値だった西側11時の線（＋5.045m）を採用し、これに測定高さを加えた地盤面＋6.5mとする。以上を基に建物ボリュームを作成する。

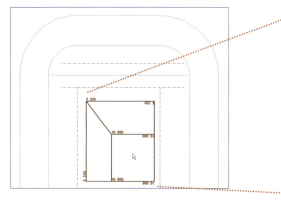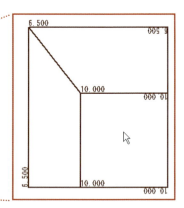

3・4・1 5 日影図による検討

前項で作成した建物ボリュームで、検討のための時刻日影図、等時間日影図を作図する。

❶

日影図を作図する。

3時間の等時間線は5m規制ライン上になった。西側2時間の等時間線は10m規制ラインをオーバーした。
次に、西側の10m規制ラインをオーバーしているのは10時の日影である。オーバーした距離を測定し、建物を平面的に変更するか、建物ボリュームの高さを変更するか、検討する。

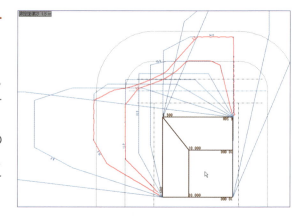

❷

10時の方位角の線を作図し、この線上でオーバーした等時間線と10mラインの間隔を測定する。

測定値は0.487mとなる。これを10時の影長倍率で割って算出すると0.218mになるので、高さ10mの西側部分を0.487m東側に移動するか、または0.218m下げればよい。高さ10m部分を0.5m東側につめることにする（次ページ以降を参照）。

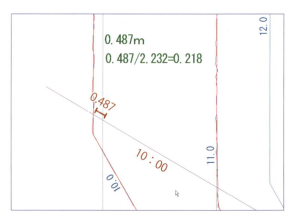

線だけをパラメトリック変形で移動すると、高さの関連がなくなり単なる文字と線になってしまう（右下図の例）ので、変形範囲には高さの文字（数字）も含める。

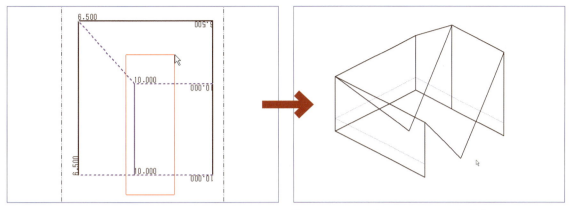

「日影図」コマンドのコントロールバー「確認」のアイソメ図で確認すると、高さが設定されていないことがわかる

「パラメトリック変形」コマンドで、東側へ0.5m移動してみる。

❸

「パラメトリック変形」コマンドを選択し、パラメトリック変形する範囲を図のように指定し（終点指示は右クリック）、東側へ0.5m移動する。

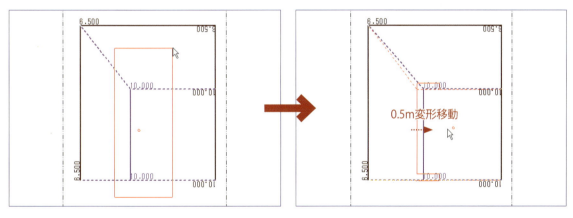

❹

建物ボリュームを変更後、レイヤを切り替えて、時刻日影図および等時間日影図を作図する。

西側で10m規制ラインをオーバーしていた2時間の等時間線がライン内に入った。

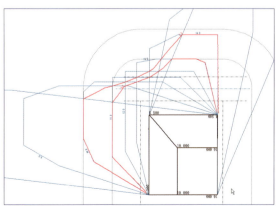

137

3·4·1·6 塔屋状に建てられる範囲

前項の作業結果および検討用の日影図を見ると、北西角に塔屋状に建てられる可能性のある範囲が見てとれる。そこで、8時－10時、16時－14時、8時－11時、16時－13時の交点を通過する、それぞれ10時、14時、11時、13時の線を作図する。これらの線と、建物、8時、16時の線で囲まれる最も狭い範囲で高さ10mの建物ボリュームを作図する。

❶ 方位角の線を作図し、交点に作図する。

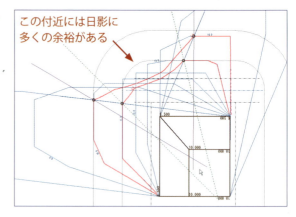

この付近には日影に多くの余裕がある

❷ 塔屋状に建てられる部分の建物ボリュームを作成する。

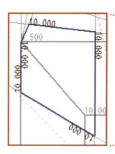

❸ 再び、日影図を作図する。

日影図で確認すると、今後の調整で入りそうなボリュームであることが確認できた。

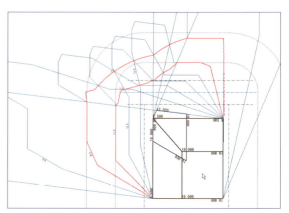

3·4·1·7 検討用建物ボリュームの完成

これまでの作業ででき上がった建築可否を検討するための建物ボリュームは、一部、規制ラインをオーバーしていたり、規制ライン上付近にかかっていて余裕がまったくない。しかし、ここまでの段階で作業を終え、この建物ボリュームを参考にして、実際の計画を進めていけばよい。検討は、ここで終えることとする。

あらためて、これまで検討してきた建物ボリュームの完成図を示す。

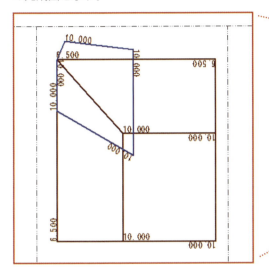
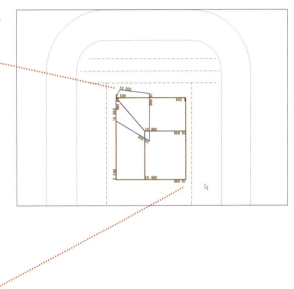

上図の検討用建物ボリュームと、「3.2 日影図の作図」で採用した例題の建物（p.100参照）を重ねてみる。

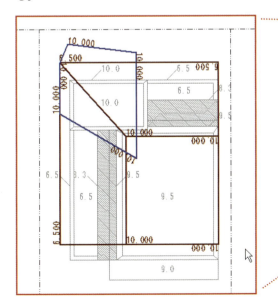
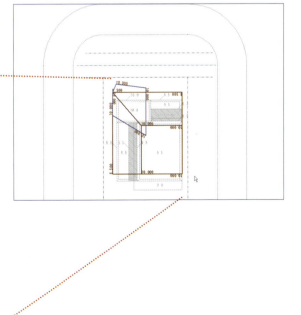

3・4・2 建物ボリュームの調整

建物ボリュームを検討して建築計画がおおむねまとまったら、再度、日影の確認を行う。ここでは、規制ラインからはみ出ている場合の修正手順の概要を紹介する。
例題は、前項までの計画から離れて、近隣商業地域に建つマンションとする。日影規制は5時間および3時間、測定高さは4mとする。

❶

建物ボリュームを作成したら、日影図を作図する。

3時間の等時間線で10m規制ラインを超えているのがわかる。

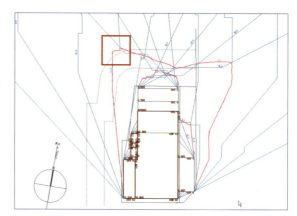

❷

10m規制ラインと11時の日影図の交点に、11時の太陽方位角の線を作図し、この線上でオーバーしている距離を測定する。

測定値は1.765mで、これを11時の影長倍率で割ると0.974mとなる。

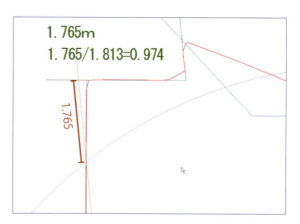

オーバーした影を落としているボリュームを変更する。

❸

20.6mのボリュームを南側に1.765m縮小すればよいので、安全を見て、ここでは1.8m縮小する(パラメトリック変形)。

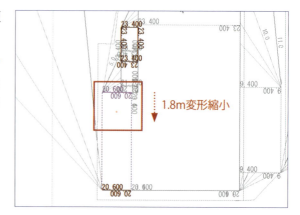

縮小された。

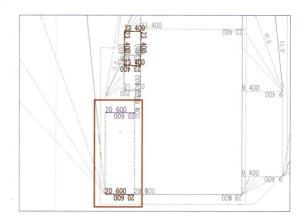

❹

次に高さを0.974m以上下げる。ここでは1.1m下げることとし、図の位置に19.5mのボリュームを新規作成する。

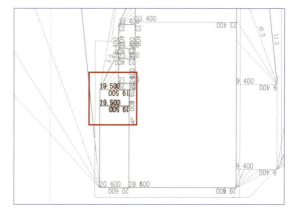

❺

再び、日影図を作図する。

前回の箇所以外でも、図の位置は修正の必要がある。

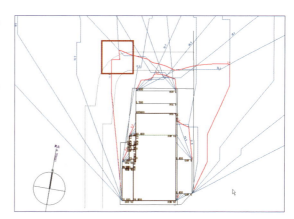

❻

10m規制ラインと11時の日影図の交点に、8時の方位角の線を作図し、オーバーしている部分を確認する。

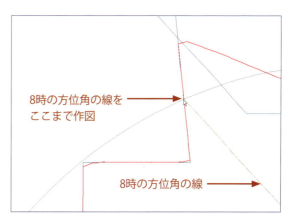

次に、8時の方位角の線がかかる図の位置にある20.6mのボリュームの平面形状を変更する。

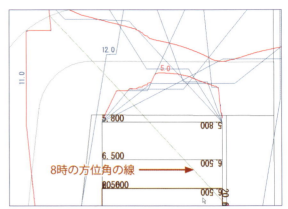

● **7**
8時の方位角の線に合わせて20.6mのボリュームの角を落とす（角面取り状になるように斜線を作図）。

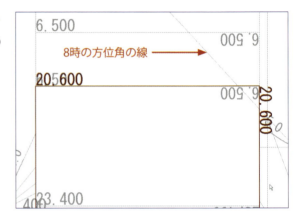

● **8**
7で作った新しい角に高さ20.6mを設定する。

以前の高さ設定「20.600」の文字が残っている。

● **9**
ここで再び日影図を作図する。

9の操作で、残っていた「20.600」の文字の表示が消える。以上で建物ボリュームの調整を完了する。

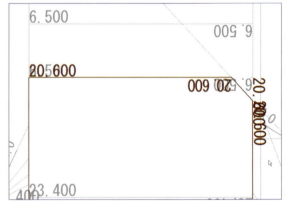

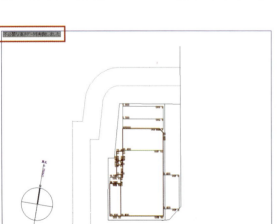

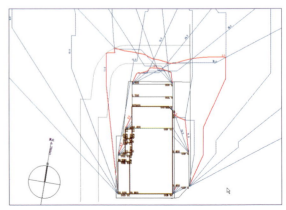

4章

Jw_cadの天空図機能

4·1 **Jw_cadの天空図と天空率** 144
4·2 **天空図の作図と天空率の計算** 148
4·3 **環境設定ファイルによる天空図関連の設定** 170
4·4 **道路斜線** 173
4·5 **隣地斜線** 209
4·6 **北側斜線** 217

4章では、Jw_cadによる天空率の計算と天空図の作図について解説する。実例として、商業系用途地域で10mと4mの2道路に面する敷地に建つ7階建てを想定し、道路斜線に対する天空率を検討する。「4.4 道路斜線」以降では、実務で遭遇するケースを斜線(道路斜線、隣地斜線、北側斜線)ごとに取り上げ、Jw_cadでの作図操作を具体的に解説するので、基本的なバリエーションを把握して実務の計画に応用していただきたい。敷地の形はさまざまで整形な矩形はまれであるし、道路づけなどの敷地条件も違う。天空率では敷地の形状や条件の違いが計算結果を左右する。作図のポイントは天空率の計算が測定点からの建物の見え方を根拠にしていることである。この点に留意し、測定点から見た計画建物と適合建物のシルエットが頭でイメージできれば複雑な形状や条件でも解決できるはずである。

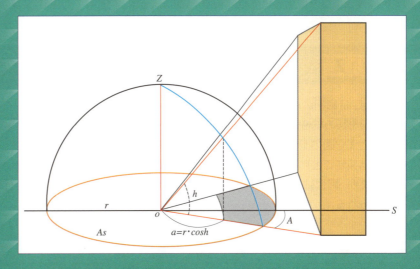

4・1 Jw_cadの天空図と天空率

市販の天空率計算専用のアプリケーションソフトの中には、測定点や適合建物を自動生成する機能などをもつものがあるが、Jw_cadは、ユーザー側が天空図や天空率の知識をもっていることを前提にして、マニュアルで操作することが求められる。しかし、言い方を変えれば、審査の判断基準には、いまだにばらつきがあることや、さまざまな敷地条件があることに対して、Jw_cadは柔軟に対応することができる。

4・1・1 Jw_cadの天空図関連の機能

4・1・1・1 天空図関連の機能

Jw_cadの天空図および天空率関連の機能としては、以下に示すものがあげられる。

- 天空図データの作図　　※ 建物ボリュームの入力とアイソメ表示
- 天空図の作図
- 天空率（天空比）の計算
- 三斜による天空率計算と建物位置確認表の作図
- 太陽軌跡図の作図
- 環境設定ファイルによる天空率（天空図）関連の設定

以下、これら6つの機能を順に紹介する。

4・1・1・2 天空図データの作図　　建物ボリュームの入力とアイソメ表示

天空図は、日影図の機能と同様に、建物ボリュームを入力して、アイソメで表示することができる。作図方法も日影図の場合と同じである。
日影図と天空図のデータは共用されているので、日影図で作図したボリュームも使える。ただし、天空率の計算は領域ごとに行うので、建物ボリュームも領域に分ける必要がある。その場合は、新たにボリュームを作るか、場合によっては先に天空率計算でボリュームを作図しておき、それを日影図に流用することも考えられる。

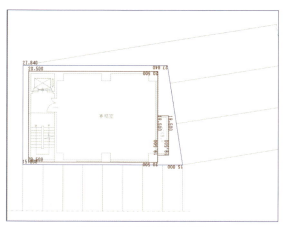

計画建築物と斜線適合建築物
および天空率の算定位置の作図

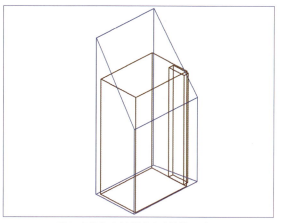

計画建築物と斜線適合建築物の確認

4·1·1·3 天空図の作図

天空図は、建築基準法の天空率計算で求められる正射影と、太陽軌跡図などで利用する等距離射影の2つの作図方法が選択できる。
作図する天空図の半径も指定でき、天空図に経線、緯線に相当する目盛を指定角度間隔で入れることもできる (p.156参照)。

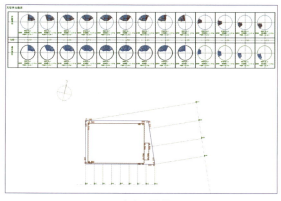

天空率の計算

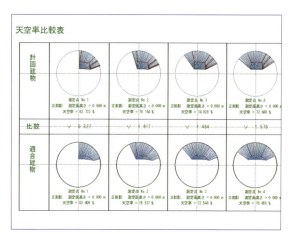

天空図と天空率

4·1·1·4 天空率 (天空比) の計算

正射影では天空率、等距離射影では天空比が計算される。通常、天空図とともに天空率 (天空比) が作図されるが、天空率 (天空比) だけを作図することもできる。
通常の天空率計算は、天空図を積分計算して、小数点以下2桁で算出される。高精度計算を選択すると、小数点以下3桁で算出される。

4・1・1・5 三斜による天空率計算と建物位置

行政や審査機関では三斜による天空率計算が求められる。三斜による面積計算から天空率を算出する目的の1つはコンピュータによる計算結果を出力した図面上での確認である。そのため、天空図に投影された建物と配置図上の建物の部位を照らし合わせなければならない。

Jw_cadでは建物の角などの主要な部位に番号（建物位置番号）を割り当て、そのポイントの配置図における位置（測定点からの距離）、高さと天空図における測定点からの方位角、仰角、Rcos（h）（天空図中心からの距離）の数値が作表される。この表と天空図があれば、出力した図面上のチェックが可能になる。建物位置番号は天空図と配置図に作図でき、割り当て方法はいくつか選択できる。計画建築物では天空図の曲線の内接側で、適合建築物では外接側で計算する。つまり安全側で計算することができる。

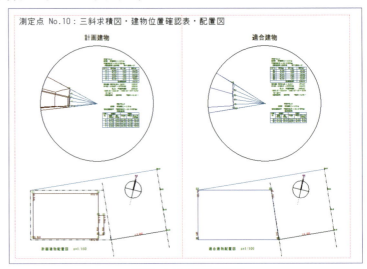

三斜による天空率の計算

4・1・1・6 太陽軌跡図の作図

天空図の作図時に太陽の軌跡を入れることができる。太陽軌跡図は時間ごとの太陽の動きを天空図にプロットしたもので、これにより対象の建物と太陽の動きの関係がわかる。日影図とともに活用するとよいだろう。

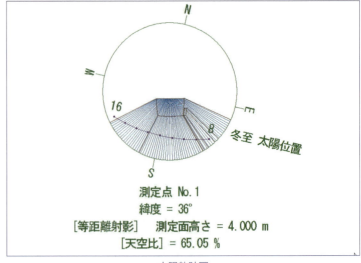

太陽軌跡図

4・1・1・7 環境設定ファイルによる天空率関連の設定

天空率計算の作図においては、作図される用語などの書式を環境設定ファイルで設定することができる。

4·1 Jw_cadの天空図と天空率

4·1·2 天空率計算での建物ボリューム

ボリュームの作図方法は日影図と同じであるが、天空率計算では領域ごとにボリュームを作図する必要がある。また、天空率計算の基礎条件となるので、間違いがないように確認しながら作図する。

天空率の計算においては、領域ごとに「計画建物」と「適合建物」の比較計算を行うので、2つのボリュームを必ずペアで作図する。計算はそれぞれ別に行うので、建物のボリュームごとにレイヤを分けておく。理由は、ボリュームの表示や天空率の計算は編集可能なレイヤのデータのみ有効で、表示のみや非表示のレイヤはボリュームとして認識されないからである。

これを利用して、それぞれの建物ボリュームをレイヤに分けて作図しておき、天空率の計算時には、随時、必要なボリュームのレイヤのみ編集可能な状態に切り替えて作業する。なお、具体的な作図方法の解説はp.148「4.2　天空図の作図と天空率の計算」で行う。

4·1·2·1 領域とは

「領域」とは、本書の解説で便宜上使用する用語であり、基準法における区域も含まれる。領域は天空率計算の対象となる範囲であり、通常、敷地全体が1つの領域になる。

しかし、敷地条件によってはいくつかに区分けする必要が生じる。例えば、道路が2つある場合は、道路斜線も2つの方向から発生するが、天空率計算は2方向からの斜線制限を同時に計算せずに、それぞれの斜線ごとに行う。つまり、1つの斜線に対して計算する時には、それ以外の斜線は考慮しない（無視する）。道路ごとに「計画建物」と「適合建物」を作図して天空率を計算するので、領域は2つになるのである。

また、異なる用途地域をまたぐ敷地でそれぞれで斜線制限が違う場合も、領域を用途地域境で分けて、それぞれ別に天空率計算を行う。他の例としては、1方向からの道路斜線でも斜線制限を受けない範囲は天空率計算から除外する。つまり、除外する部分の建物ボリュームは作らない。

このように、天空率計算では、敷地や計画する建物の平面とは別の形状の計算範囲が生じる。この範囲を「領域」と理解していただきたい。

なお、領域は、単純に言えば、斜線制限の数だけ必要である。勾配や立ち上がり高さはもちろん、斜線の方向ごとに領域に分けなければならない。

4·1·2·2 計画建物と適合建物

計画建物と適合建物は、原則として領域ごとに1つずつのボリュームを作図する。

ただし、敷地条件によっては測定点ごとにボリュームの形状を変える必要もあるので、注意を要する（p.148以降参照）。

147

4·2 天空図の作図と天空率の計算

商業系用途地域で10mと4mの2道路に面する敷地に建つ7階建ての事務所ビルを想定し、道路斜線に対する天空率を検討する。0レイヤグループに作図した基本計画図を元に天空率の計算手順を解説する。1レイヤグループで天空率関連の作業を行うので、レイヤグループの縮尺が同じことを確認しておく。
天空率計算は編集可能レイヤが対象なので、計画建物と適合建物は異なるレイヤに作図する。

基本計画図

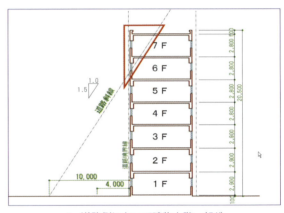

4m道路側において建物上階一部が道路斜線より突出している

4·2·1 建物ボリュームの作図

敷地の作図は「線」コマンドなど、真北の設定は「日影図」コマンドで行う。建物ボリュームは日影図の作図と同じで、「日影図」コマンドでも作図できる。
ただし、建物ボリュームは天空率を計算する領域ごとに作図する必要があるので注意する。

4·2·1·1 領域ごとの測定点の配置の準備

天空率を計算する領域を確認する。この例の場合、道路が2方向あるので、道路斜線は2つの領域で計算する。また、道路斜線が適用されない部分は領域から外し、建物ボリュームも作図しない。
なお、基本計画図のレイヤグループを表示のみにして、下図として敷地を0レイヤに作図しておく。

天空率を計算するための下図を8レイヤに作図する。下図のレイヤは敷地などのレイヤとは別にして、作図後は非表示にする。道路斜線の測定点が作図される基準線は敷地反対側の道路境界線上になる。敷地側の道路境界線の両端より反対側境界線の垂線を作図する。

❶

「線」コマンドを選択する。

❷

始点として、道路境界線の端部を右クリックする。

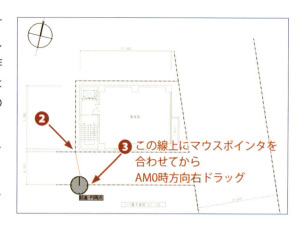

❸

反対側の道路境界線の線上を、AM0時方向右ドラッグによるクロックメニュー「鉛直・円周点」を選択する。

始点から反対側の道路境界線へ垂線が作図される。

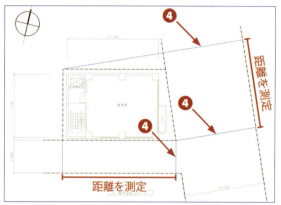

❹

同様の操作で、他の端点からも垂線（あと3本）を作図し、作図した2本の垂線間（2カ所）の距離をそれぞれ測定する。10m道路側は、隣地越しの境界も含めて測定点が配置される。

天空率の測定点は、この距離を道路幅の半分以下で分割された位置に作図するが、これは「分割」コマンドで分割数を設定すれば得られる。
なお、「分割」コマンドでは、仮点や線で分割してもよい。測定点の配置については、次ページのコラムも参考にしていただきたい。

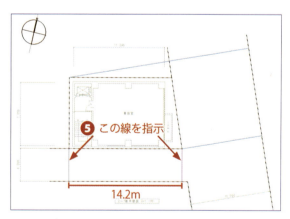

次に、4m道路側の測定点の位置を出す。道路4m÷2＝2m、垂線と境界線の交点間距離14.2mなので、8分割する（14.2÷8＝1.775＜2.0）。
算定の基準はp.38参照。

❺

「分割」コマンドを選択し、コントロールバー「分割」に分割数を「8」と入力して、分割対象の線を指示する。

図のように、7本の分割線が作図される。

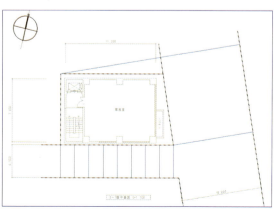

❻
もう1つの斜めの道路に対しても同様に分割（3分割）を行い、測定点の位置を出す。

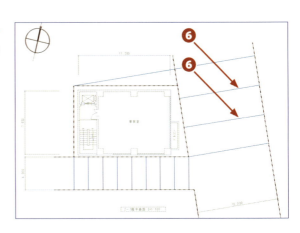

▶ 測定点の配置方法

測定点を配置する方法として、上記では、あらかじめ「測定」コマンドで測定点両端の距離を測定しておき、道路幅員の1/2以下になる分割数を計算のうえ、「分割」コマンドで分割して、他の測定点の位置を作図した。Jw_cadは、「分割」コマンドの中に割付機能があるので、ここではそれを利用した方法を紹介する。この方法であれば、手計算で分割数を求めることなく作図できるので便利である。

❶
分割する線の両端が作図できたら、「分割」コマンドを選択し、コントロールバー「割付」にチェックを付ける。

❷
測定点は道路幅員の1/2以下で作図するので、コントロールバー「距離」に「4000/2」（4m道路の1/2）と入力し、コントロールバー「割付距離以下」にチェックを付ける（他の設定は下図を参照）。

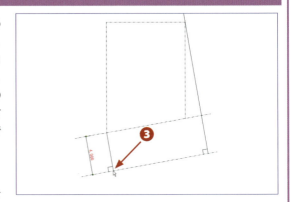

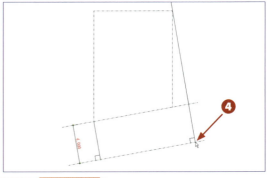

❸
割付を行う始点を右クリックする。

❹
割付を行う終点を右クリックする。

❺
割付を行う対象線を左クリックする。

❻
始点・終点間が割付されて実点が作図されるので、画面左上の割付距離を確認する。

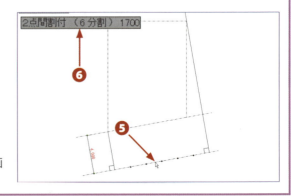

4·2·1·2 建物ボリュームの作図

ここでは、建物ボリュームのレイヤを、以下のように、領域ごと、計画建物と適合建物ごとに分けている。
- 領域A（4m道路側の天空率計算を行う領域）：計画建物＝1・2レイヤ、適合建物＝9レイヤ
- 領域B（10m道路側を領域）：計画建物＝3・4レイヤ、適合建物＝Bレイヤ

複数のレイヤを利用して1つの建物ボリュームを作る場合は、天空率計算でのレイヤの表示設定に注意する。レイヤが多く必要な建物ボリュームであればレイヤグループにまとめておくとよい。
建物ボリュームは領域ごとに計画建物と適合建物を作る。形状によっては1つの計画建物で兼用できる場合もある。

❶ 「領域A：計画建物」の作図（1・2レイヤ）

領域Aの建物ボリュームの計画建物を作図する。
20.5mの本体部分と19.5mのバルコニー部分を、それぞれ1レイヤと2レイヤに輪郭線を作図し、「天空図」コマンドで高さを設定する。

❶
1レイヤに、20.5mの建物ボリュームを作図する。

❷
2レイヤに、19.5mの建物ボリュームを作図する。

これで、領域Aの計画建物が完成した。

❷「領域A：適合建物」の作図（9レイヤ）

領域Aの建物ボリュームの適合建物を作図する。
計画敷地はすべて10m道路の2aかつ35m以内にあるので、4m道路側も幅員10mの道路斜線となる。つまり、1：1.5の斜線勾配では道路境界線上の高さで15mになるので、境界線上に線を作図し、「天空図」コマンドで高さを15mに設定する。
適合建物の壁面は道路境界線と計画建物の壁面の間（道路後退距離間）に作図することになっている。ここでは、後退した位置ではなく、境界線上に適合建物を作図している。斜線制限とは異なり、適合建物の後退が必ずしも有利（緩和）な側になるとは限らない。敷地条件によっては、後退しない方がよいこともある。

適合建物は境界線から
建物の後退位置の間で設定する

❶
計画建物と同様の操作で9レイヤに適合建物を作図する。
道路側の高さは
　10m×1.5＝15m
敷地奥の高さは
　15m＋8.56m×1.5＝27.84m
とする。

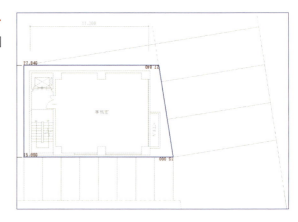

❸「領域B：計画建物」の作図（3・4レイヤ）

領域Aの計画建物と同様に、領域Bの建物ボリュームの計画建物を作図する（この例では、領域Bの計画建物は、領域Aと同じ形状なので作図済みの建物ボリュームを使って天空率を計算してもよい）。

❶
3レイヤに、20.5mのボリュームを作図する。

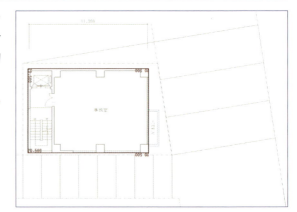

❷
4レイヤに、19.5mのボリュームを作図する。

❹「領域B：適合建物」の作図（Bレイヤ）

領域Aの適合建物と同様に、領域Bの建物ボリュームの適合建物を作図する。

❶
計画建物と同様の操作で、Bレイヤに適合建物を作図する。
道路側の高さは
　10m×1.5＝15m
敷地奥の高さはそれぞれ
　22.68m×1.5＝34.02m
　15m＋14.03m×1.5＝36.045m
とする。

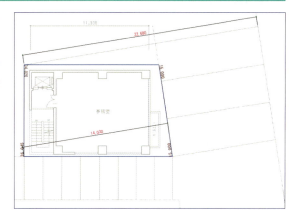

❺ 建物ボリュームの確認

建物ボリュームの作図が終わったら、「天空図」コマンドのアイソメ図で確認する。確認は、領域ごとに行う。

❶
領域Aの建物ボリュームを、「天空図」コマンドのコントロールバー「確認」を左クリックし、アイソメ図で確認する。

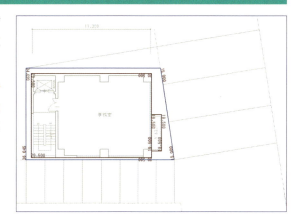

❷

領域Aの計画建物（1・2レイヤ）と適合建物（9レイヤ）のレイヤを編集可能にし、アイソメ図で確認する。

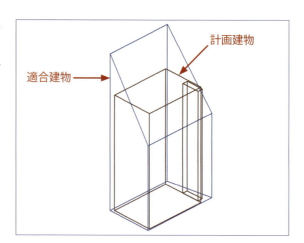

図は、領域Bの計画建物（3・4レイヤ）と適合建物（Bレイヤ）である。

❸

同様に、領域Bの建物ボリュームのレイヤを編集可能にし、アイソメ表示で確認する。

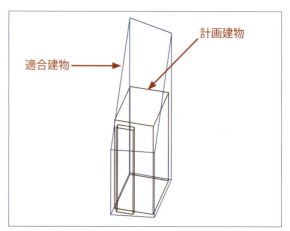

4·2·2 天空図と天空率の作図

ここでは、Jw_cadのサンプルファイルを利用して天空図を書き込む表（形式は任意）を作図し、図形登録する。表のレイヤは他と分けると編集しやすい。

4·2·2·1 天空図の書き込み表の作図

Jw_cadのサンプルファイル「天空率表.jww」を開き、天空図の表を参考にして表を作図する（Fレイヤ）。

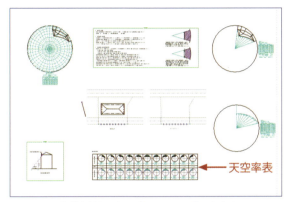

Jw_cad標準添付のサンプルファイル「天空率表.jww」

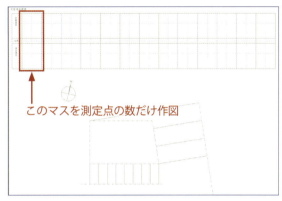

4·2·2·2 天空図の作図と天空率の計算

まず、領域Aの計画建物の天空率を計算する。基本計画図（0レイヤグループ）は不要なので非表示にし、計算する建物ボリューム以外も非表示にする。これは重要なので必ず確認すること。天空率計算結果の記入は、対象の建物のレイヤにしておくとよいだろう。

❶ 「領域A：計画建物」の天空図の作図

1

ここでは、以下のようにレイヤ分けをしている。

　編集可能：領域Aの計画建物（1·2レイヤ）
　表示のみ：測定点準備（8レイヤ）
　　　　　　敷地（0レイヤ）
　　　　　　表（Fレイヤ）
　非表示　：領域B関連（3·4·Bレイヤ）
　　　　　　領域Aの適合建物（9レイヤ）
　書込　　：1レイヤ

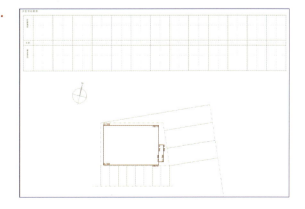

| 1 | 日影図と天空率 | 2 | 建物ボリューム | 3 | Jw_cadの日影図機能 | A | 真北の求め方 |
| 4 | Jw_cadの天空図機能 |

「天空図」コマンドを選択し、コントロールバーを確認する（各項目の設定は❹の図を参照）。

❷
コントロールバー「測定高 (m)」（天空率計算の基準高さ＝道路斜線の基準高さ＝道路中心高さ）は、次の操作で変更可能なのでここでは特に指定しない。

❸
コントロールバー「高さ (m)」は建物高さを指定する時に有効なのでここでは任意でよい。

❹
コントロールバー「正射影（天空率）」を左クリックする。

コントロールバーの表示が変わる。

❺
コントロールバー「測定点表示」右の入力ボックスに測定点の開始番号（ここでは「1」）を入力する。次の測定点からは連番が自動的に作図される。空欄にすると番号が付かず、開始番号を入力すると「No.」欄が編集可能になるので、必要に応じて変更する。

❻
コントロールバー「測定高 (m)」（ここでは「0」）を確認する。

❼
コントロールバー「天空図半径（図寸mm）」には、作図される天空図半径を指定する。初期値は「25」だが、作図スペースの関係でここでは「15」とする。

❽
コントロールバー「目盛間隔」は、必要であれば設定する。
目盛とは天空図の経線・緯線に相当する目盛のことで、指定角度間隔で作図できる（p.158参照）。

❾
領域Aの計画建物の測定点を右クリックする。

測定点を中心とした点線の十字線が表示される。
位置指定を間違えた場合は、「戻る」コマンドまたは「Esc」キーで操作前に戻り、やり直せばよい。

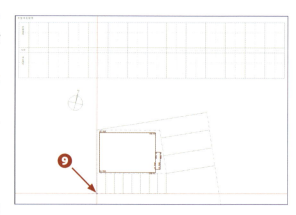

☞ これ以降の操作では、コントロールバーやステータスバーの表示に十分に注意する。

❿ ここで、コントロールバー「天空率計算」にチェックを付けると、「高精度計算」と「射影面積表示」のチェックボックスが追加表示されるので、必要に応じてチェックを付ける（チェックの有無による違いは次ページのコラム参照。ここでは「天空率計算」にだけチェックを付ける）。

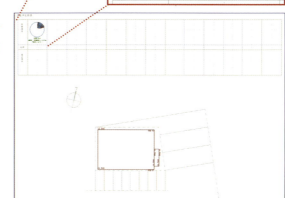

⓫ ステータスバーのメッセージに従い、天空図を作図する中心を右クリックする。

これで天空図と天空率が作図される。
天空図の円は書込線色、建物輪郭は建物ボリュームの線色、その他の線色、文字種は環境設定ファイルで指定された属性で作図される。

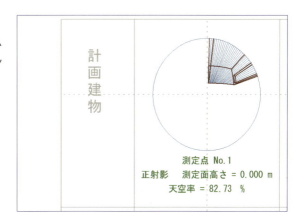

⓬ ステータスバーのメッセージに従い、他の測定点についても、❾の測定点指示と⓫の天空図作図位置指示を交互に繰り返す（測定点の連番は自動的に作図される）。

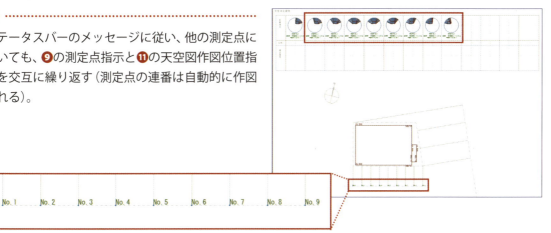

157

▶ 天空図表示時のコントロールバーの機能

参考に、前項での天空図作図操作以外に、コントロールバーの設定を変えた場合の作図結果の違いを示す。

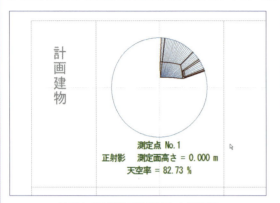
前項までの操作で作図された天空図

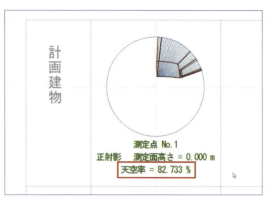
「高精度計算」にチェックを付けた天空図
天空率が小数3桁まで計算される

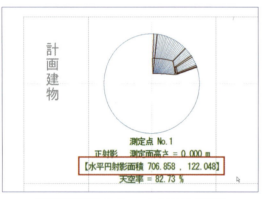
「射影面積表示」にチェックを付けた天空図
カンマ区切りで天空図円面積と建物部分面積が表示される
天空率＝（円面積－建物面積）÷円面積

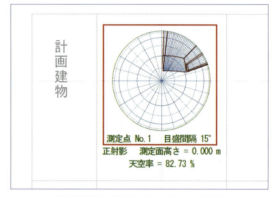
「目盛間隔」に「15°」を入力した天空図
経線、緯線に相当する目盛が15°ごとに作図される

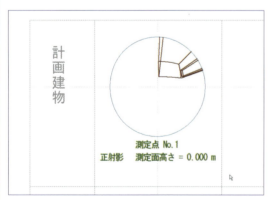
「天空率計算」にチェックを付けない天空図
天空図だけが作図され、天空率が表示されない

「天空図半径（図寸mm）」に「0」を入力した天空図
天空率のみ作図される

4-2 天空図の作図と天空率の計算

❷「領域A：適合建物」の天空図の作図

❶

領域Aの適合建物（9レイヤ）を書込レイヤ、領域Aの計画建物（1・2レイヤ）は表示のみレイヤとする。

❷

コントロールバー「正射影（天空率）」を選択し、コントロールバーを確認する。

❸

「測定点表示」は前操作の計画建物の続き番号になっているので、再度「1」と入力する。

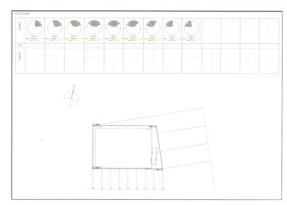

❹

領域Aの適合建物の測定点を右クリックする。

測定点を中心とした点線の十字線が表示される。

❺

コントロールバー「天空率計算」にチェックを付けるとチェックボックスが追加表示されるので、必要に応じてチェックを付ける。

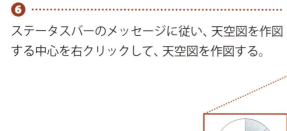

❻

ステータスバーのメッセージに従い、天空図を作図する中心を右クリックして、天空図を作図する。

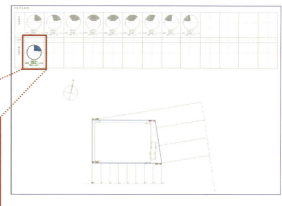

159

❼

ステータスバーのメッセージに従い、他の測定点についても、測定点指示と天空図作図位置指示を交互に繰り返す。

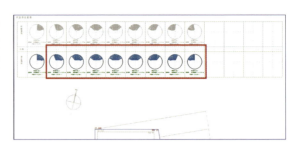

❸「領域B：計画建物と適合建物」の天空図の作図

領域Bも領域Aと同様に操作する。
まず、領域Bの計画建物の天空図を作図する。

❶

ここでは、以下のようにレイヤ分けしている。
　編集可能：領域Bの計画建物（3・4レイヤ）
　表示のみ：領域Aの建物（9レイヤ、1・2レイヤ）
　　　　　　敷地（0レイヤ）
　　　　　　表（Fレイヤ）
　非表示　：適合建物（Bレイヤ）
　書込　　：3レイヤ

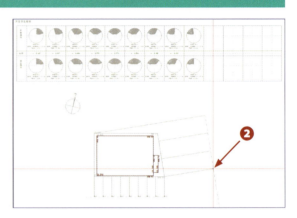

❷

測定点を右クリックする。

❸

指示した測定点を中心とした点線の十字線が表示されるので、領域Aの操作と同様に、コントロールバーの「天空率計算」にチェックを付けるとチェックボックスが追加表示されるので、必要に応じてチェックを付ける。コントロールバーを設定する。

❹

天空図を作図する中心を右クリックする。

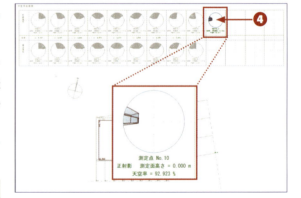

次に、領域Bの適合建物の天空図を作図する。

❺

同様の操作で、書込レイヤをBレイヤ、領域Bの計画建物（3・4レイヤ）は表示のみにして、適合建物について天空図をすべて作図する。

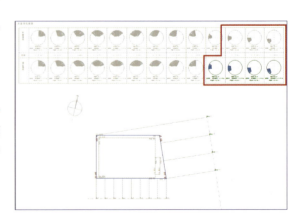

❻ すべての建物ボリュームのレイヤを編集可能なレイヤにして、すべての天空図を表示する。

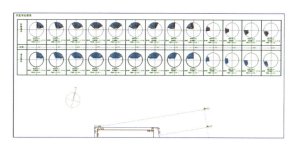

❹ 計画建物と適合建物の天空率の比較

作図された表の測定点ごとの天空率を比較する。
計画建物の天空率が適合建物より大きいことを確認するとともに、天空率の差（差分）を記入する。

❶
「天空図」コマンドを選択し、コントロールバー「天空率比較計算」を左クリックする。

❷
ステータスバーのメッセージに従い、天空率が記入されている文字列を、測定点ごとに、計画建物、適合建物の順に左クリックする。

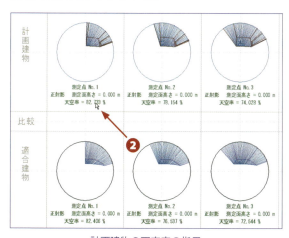
計画建物の天空率の指示

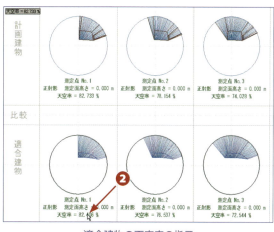
適合建物の天空率の指示

❸
図のように、表の「比較」欄の交点を右クリックする。

計画建物の天空率が適合建物を上回っていることを示す符号とともに、その差分が記入される。

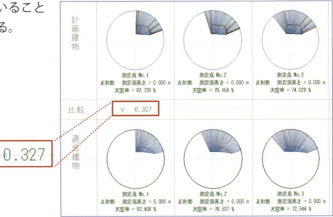

❹
続けて、他の測定点を、計画建物、適合建物の順に交互に左クリックして作図する。

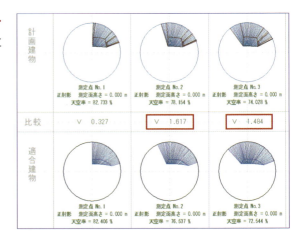

図は、計画建物の天空率が適合建物より小さい場合の表示例である。小さい個所は赤色で記入される。

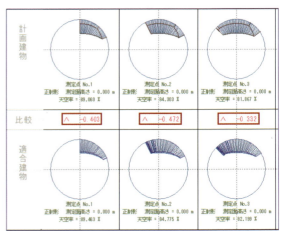

文字色などの天空率比較計算の設定は、図のような環境設定ファイル（ファイルの拡張子「.jwf」。内容はテキスト形式）で変更できる（p.170参照）。

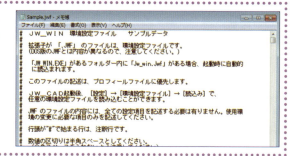

❺ 天空率計算の完了、天空率比較表の完成

天空率の比較を行い、すべての測定点で適合建物より計画建物の天空率が大きければ建築可能となる。この例では、天空率を使うことで道路斜線の形状によらない整形な計画ができた。

図は、4m道路側のNo.1～No.4の天空率計算結果だが、各測定点で、計画建物の天空率が適合建物を上回っているのがわかる。

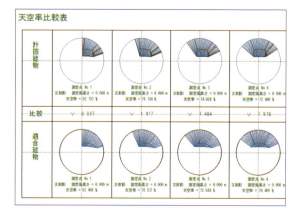

図は、4m道路側のNo.6～No.9の天空率計算結果である。

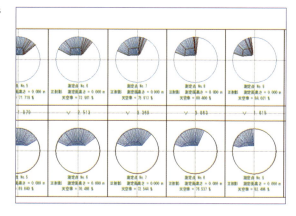

図は、10m道路側のNo.10～No.13の天空率計算結果である。

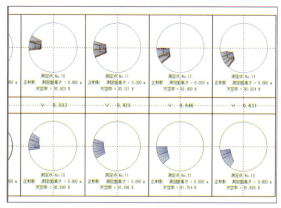

4·2·3 三斜計算による天空率

4·2·3·1 三斜計算とは

これまでの操作で作成したJw_cadの天空率は天空図の面積を積分計算で計算し算出されている。行政や審査機関では机上で計算結果を確認できるように、三斜計算などによる面積計算から天空率を算出することが求められる。一般的には、これまでの操作で作図した天空率で領域ごとに、計画建物と適合建物の差分が最も小さい測定点について三斜計算が求められる。三斜計算についても、1つの測定点に対し、計画建物と適合建物それぞれで算出し比較する。

Jw_cadの三斜計算による天空率計算ではp.155「4.2.2　天空図と天空率の作図」の操作で計算をした天空率結果よりも安全側で計算されるようになっている。ただし、計画建物用と適合建物用の三斜計算方法があり、例えば計画建物を適合建物用の三斜計算方法で計算すると結果は大きく変わってしまう。正しい操作で初めて安全側で計算されるので、この点を注意しておく必要がある。また、庇やバルコニーのような空中構造のある建物ボリュームを作成した場合も注意を要する。

p.155～の操作の天空率計算では空中構造下部のアキを天空として算出するが、三斜計算では計算されない。このため余裕があると思っていた計画建物の天空率が、三斜計算では適合建物の天空率を下回ってしまう場合がある。空中構造下部のアキ部分を考慮する場合は、三斜計算後に別途アキ部分の面積を計算して天空部分として加えて天空率を算出しなければならない。

下図は、安全側で計算できる三斜計算の要点である（Jw_cadのサンプルファイル「天空率表.jww」より）。

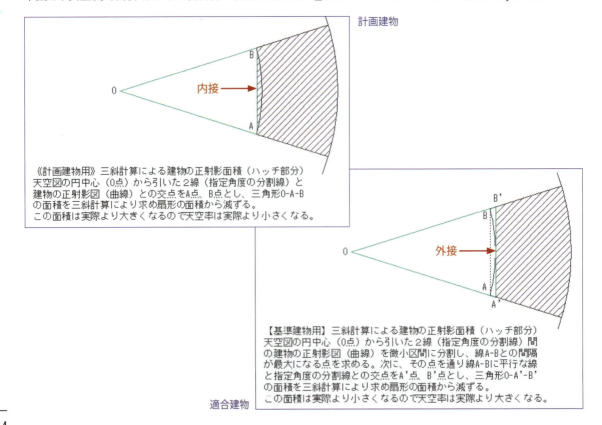

この例では、天空率の差分が最も小さい測定点（近接点）は、領域AではNo.1、領域BではNo.10となった。
ここでは、測定点No.10について解説する。

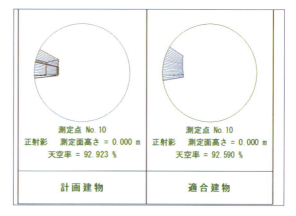

4・2・3・2 三斜計算の方法

❶ 計画建物の三斜計算

計画建物の天空率の三斜計算を行う。コントロールバーとステータスバーのメッセージに注意して操作する。

❶
領域Bの計画建物ボリュームのレイヤ（3・4レイヤ）を編集可能レイヤ、3レイヤを書込レイヤにする。

❷
「天空図」コマンドを選択し、コントロールバー「三斜」を左クリックする。

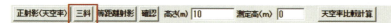

❸
コントロールバー「測定点表示」を「10」にする。

❹
ステータスバーのメッセージに従い、測定点No.10を右クリックする。

❺
コントロールバー「《計画建物用》」を選択していることを確認する（最下段の図を参照）。

❻
コントロールバー「三斜計算」と「建物位置確認表」をチェックする（最下段の図を参照）。

❼
「最大分割角度」（ここでは「10°」）は三斜計算を行う三角形の角度で、分割角度は任意である。角度が小さいほど、p.155「4.2.2 天空図と天空率の作図」の計算結果に近くなるが、三角形の数が増えて確認が煩雑になるので細かくしない方がよい。審査機関によっては角度を指定する場合もある。

165

❽ コントロールバーを確認し、ステータスバーのメッセージに従い、天空図の位置を指示すると、三斜求積図が作図された天空図に加えて、三斜求積表と建物位置確認表が作図される。

作図位置指示時の「Shift」キーと「Ctrl」キーの操作によって作図される内容が変わる（次ページのコラム参照）。通常はいずれかのキーまたは両方のキーを選択して作業を進めるが、ここではキー操作を行わずに操作する。

☞ 三斜計算で作図される天空図は標準では半径10cmなので、作図する場所に注意する。

図は、天空図の三斜求積図の拡大である。

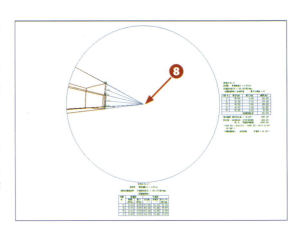

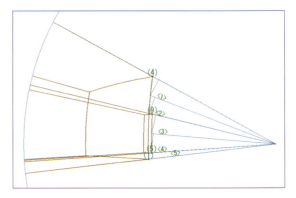

図は、三斜求積表の拡大である。「《計画建物用》」と最下行の天空率（92.920％）を確認する。

図は、建物位置確認表の拡大である。「《計画建物用》」を確認する。表中の「配置図」の項目は、測定点からの各ポイントまでの距離と各ポイントの高さ（単位はm）を示す。

表中の「天空図」の項目はp.27を参照。

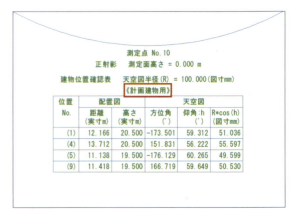

▶「Shift」キーと「Ctrl」キーによる建物位置の確認

天空図作図場所の指定時には画面左上に表示されるメッセージに注意する。「Shift」や「Ctrl」キーまたは両方を押しながら作図場所を指示すると、天空図の建物の頂点または配置図の建物の頂点に番号が作図される。この番号により天空図と配置図と建物位置確認表間で建物各部位置の確認が机上で可能となる。キーの選択は基本計画・実施計画・詳細計画などに応じて使い分ければよい。以下は、キーによる番号表示機能の違いである。

- 「Shift」キー　　　　　：天空図の建物の頂点すべてに建物位置番号が作図される。配置図には作図されない。
- 「Ctrl」キー　　　　　：建物ボリュームが作図された配置図の建物の頂点に建物位置番号が作図される。
  　　　　　　　　　　　配置図で高さの異なる頂点が重なる場合は高い方の頂点に番号が作図される。
  　　　　　　　　　　　天空図には建物部分の上部になる頂点に建物位置番号が作図される。
- 「Shift」+「Ctrl」キー：天空図と配置図の建物の頂点すべてに建物位置番号が作図される。
- キーを押さない　　　：天空図の建物上部になる頂点に建物位置番号が作図される。配置図には作図されない。

なお、建物位置番号はかっこ付の数字になっており、間違えないように計画建物と適合建物ではかっこの種類が変えてある。かっこの形は環境設定ファイルで変更が可能である（p.170参照）。

「Ctrl」キーを押した時の配置図

「Shift」+「Ctrl」キーを押した時の配置図

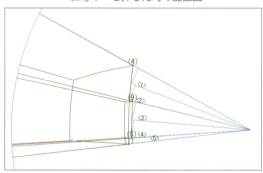

「Ctrl」キーを押した時の天空図

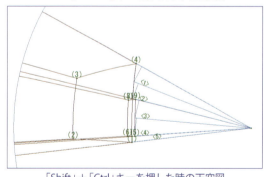

「Shift」+「Ctrl」キーを押した時の天空図

「Shift」キーを押した時の天空図
配置図には建物位置番号は作図されない

三斜計算で測定点指示後に画面左上に表示されるメッセージ
左上2図で、「Shift」や「Ctrl」キーを押しながら天空図の作図を指示すると、建物位置番号の作図を切り替え可能

正射影　測定面高さ = 0.000 m
建物位置確認表　天空図半径(R) = 100.000 (図寸mm)
《計画建築物》

位置	配置図		天空図		
No.	距離 (実寸m)	高さ (実寸m)	方位角 (°)	仰角:h (°)	R*cos(h) (図寸mm)
(1)	12.166	20.500	-173.501	59.312	51.036
(2)	23.628	20.500	-176.659	40.945	75.533
(3)	24.460	20.500	164.655	39.967	76.642
(4)	13.712	20.500	151.831	56.222	55.597
(5)	11.138	19.500	-176.129	60.265	49.599
(6)	12.111	19.500	-176.440	58.156	52.761
(7)	12.369	19.500	167.757	57.612	53.565
(8)	12.369	19.500	167.757	57.612	53.565

「Shift」+「Ctrl」キーを押した時の建物位置確認表

❷ 適合建物の三斜計算

計画建物と同様に、適合建物の天空図を作図する。

❶

コントロールバー「【基準建物用】」を選択していることを確認する。

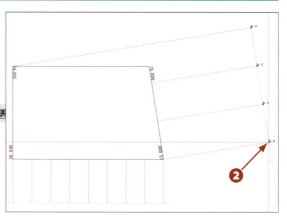

❷

測定点No.10を右クリックする。

Jw_cad画面の「【基準建物用】」および「《計画建物用》」の用語は環境設定ファイルで変更できる（p.170参照）。

図は、天空図を作図した状態である。

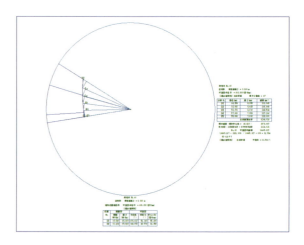

図は、天空図の三斜求積図の拡大である。

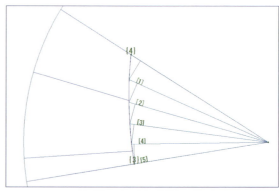

❸

図は、建物位置確認表の拡大である。「【基準建物用】」を確認する。

位置	配置図		天空図		
No.	距離 (実寸m)	高さ (実寸m)	方位角 (°)	仰角:h (°)	R*cos(h) (図寸mm)
[3]	10.000	15.000	-170.927	56.310	55.470
[4]	13.234	15.000	148.153	48.579	66.159

測定点 No.10
正射影　測定面高さ = 0.000 m
建物位置確認表　天空図半径(R) = 100.000(図寸mm)
【基準建物用】

❹
図は、三斜求積表の拡大である。「【基準建物用】」と最下行の天空率（92.594%）を確認する。

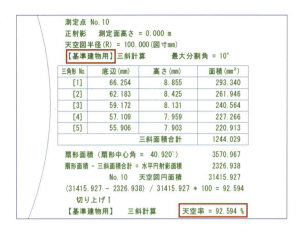

❸ 天空率の比較、建物位置確認表のレイアウト

ここで、天空率計算の比較を行い、適正な結果であることを確認する。計画建物と適合建物の天空図と三斜計算の結果、建物位置確認表を「移動」コマンドなどで適宜レイアウトする。
左下図は、計画建物と適合建物の三斜求積表を比較した図である。
右下図は、p.155「4.2.2 天空図と天空率の作図」の操作による天空図である。計画建物と適合建物の図を見比べてみると、三斜計算が安全側で計算されていることがわかる。

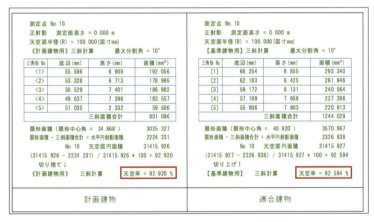

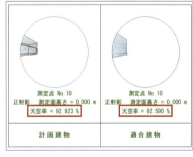

図は、三斜計算で作図されたものをレイアウトした例である。
建物位置番号が付けられた三斜求積図、三斜求積表、建物位置確認表、配置図などにより、机上で天空率計算の確認が可能になる。

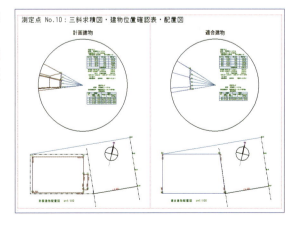

4·3 環境設定ファイルによる天空図関連の設定

Jw_cadの環境設定ファイルには天空図関連の設定項目がある。「計画建物」「適合建物」などの用語や建物位置番号のかっこなどを初期設定で指定できる。使い勝手に合わせてカスタマイズすればよい。

4·3·1 環境設定ファイルの編集

「設定」メニュー→「環境設定ファイル」→「編集・作成」を選択するとダイアログが開くので、「Sample.jwf」を左ダブルクリックすると、Windows標準のテキストエディタ「メモ帳」が起動して、テキスト形式の環境設定ファイル「Sample.jwf」が開く。天空図関係の設定は、「TNKZ_SET」「TNK3_NM1」「TNK3_NM2」「TNKN_SET」の行である。編集は、内容の書き替えなどを行い、別名で保存すればよい。

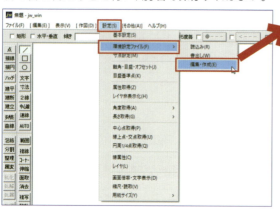

編集した行の先頭の記号「#」と「END」行を削除しなければ、編集結果および設定項目が有効にならない

4·3 環境設定ファイルによる天空図関連の設定

4·3·2 環境設定ファイルの天空図関連項目

以下に、環境設定ファイルにおける天空図関連の設定項目を示す（参考）。

```
#◎天空図関係の設定(環境設定ファイルへの書出は行われない)
# (①、②：天空図コマンド操作中の読込みは無効)
# (③～⑧：環境設定ファイルでのみ設定可)
#
#          ①天空図の円の半径指定(mm単位の整数で指定「0」,「10～500」)
#          │天空図半径に「0」を設定すると、天空率(比)の計算のみを行う。(三斜の天空図半径は⑨で指定する)
#          │
#          │②測定面高表示・面積表示・高精度計算・建物位置確認表の作図指定
#          │ │一の位：天空図の測定面高表示指定(0:無指定 1:指定)
#          │ │ (天空図直径を「0」とし天空率(比)計算のみを行うとき)
#          │ │十の位：天空図の面積表示指定(0:無指定 1:指定)
#          │ │ (天空図直径を「10」以上とし天空図の作図と天空率(比)計算を行うとき)
#          │ │百の位：天空図の高精度計算指定  0:無指定(小数2桁有効)  1:高精度計算指定(小数3桁有効)
#          │ │千の位：天空図に建物位置確認表の作図指定 0:無指定  1:指定
#          │ │
#          │ │ ③建物位置確認表の形式 (初期値:0)
#          │ │ │0:天空図の上部の建物位置(建物を構成する線の端部)を表示
#          │ │ │1:天空図の全ての建物位置(建物を構成する線の端部)を表示
#          │ │ │ [Shift]キーを押しながら建物位置確認表を実行すると[0]と[1]とが逆転した動作になる。
#          │ │ │
#          │ │ │ ④天空図の建物位置の点色(1～9) 初期値：3
#          │ │ │ │一の位:天空図三斜の建物位置の点色(1～9) 初期値:3
#          │ │ │ │十の位:太陽軌跡の線色と１時間間隔点の点色  (1～9) 初期値:5
#          │ │ │ │百の位:太陽軌跡の10分間隔点の点色(1～9) 初期値:1
#          │ │ │ │
#          │ │ │ │ ⑤作図文字種指定 (1～1010)  初期値：302
#          │ │ │ │ │十と一の位:天空図等の作図文字種指定  (1～10) 無指定:2
#          │ │ │ │ │千と百の位:天空率比較計算の結果表示文字種 (1～10) 無指定:3
#          │ │ │ │ │ ⑥天空図の建物のハッチ線角度間隔
#          │ │ │ │ │ │(0.1度単位で指定)1～100(0.1～10度) 初期値：20(2.0度)
#          │ │ │ │ │ │
#          │ │ │ │ │ │ ⑦建物のハッチ線色・面積表の枠線色
#          │ │ │ │ │ │ │一の位:天空図建物のハッチ線色
#          │ │ │ │ │ │ │  三斜計算の三角形の線色  (1～9) 初期値：1
#          │ │ │ │ │ │ │十の位:三斜計算面積表の枠線色
#          │ │ │ │ │ │ │  建物位置確認表の枠線色 (1～9) 初期値：1
#          │ │ │ │ │ │ │
#          │ │ │ │ │ │ │ ⑧天空図の目盛り線色、天空率
#          │ │ │ │ │ │ │ │比較の差分値により「OK」又は「NG」の表示(1～10009)
#          │ │ │ │ │ │ │ │一の位:目盛り線色(1～9) 初期値：1
#          │ │ │ │ │ │ │ │十位の以上:「OK」、「NG」表示の境界差分値を指定
#          │ │ │ │ │ │ │ │ 十の位が「0.001%」の単位で「0.001%～1.000%」まで
#          │ │ │ │ │ │ │ │ 差分値を指定。
#          │ │ │ │ │ │ │ │「201」の指定で目盛り線色が「1」、差分値が0.02%以下
#          │ │ │ │ │ │ │ │ で「NG」赤字表示。
#          │ │ │ │ │ │ │ │「初期値:0」で「比較計算」の場合は「OK」、「NG」非表示
#          ↓ ↓ ↓ ↓ ↓  ↓  ↓ ↓
#TNKZ_SET=25  1 0 3 302 20 11 201 100
#                         ↑
#                         │
#                         ⑨三斜の天空図半径(10～500mm)(初期値:100)
```

```
# 【基準建物用】三斜計算の【】内の文字指定(環境設定ファイルでのみ設定可)
#          「TNK3_NM1=」の後の文字は漢字10文字(20バイト)以内
#TNK3_NM1=基準建物用
#
# 《計画建物用》三斜計算の《》内の文字指定(環境設定ファイルでのみ設定可)
#          「TNK3_NM2=」の後の文字は漢字10文字(20バイト)以内
#TNK3_NM2=計画建物用
#
#  建物位置番号、三角形番号の前後に追加する文字(環境設定ファイルでのみ設定可)
#  「TNKN_SET=」の後に半角カンマ「,」で区切って6バイト以内で記述する
#
#              【基準建物用】建物位置確認表の建物位置番号の前に追加する文字
#             ¦【基準建物用】建物位置確認表の建物位置番号の後に追加する文字
#             ¦¦《計画建物用》建物位置確認表の建物位置番号の前に追加する文字
#             ¦¦¦《計画建物用》建物位置確認表の建物位置番号の後に追加する文字
#             ¦¦¦¦
#             ¦¦¦¦【基準建物用】三斜計算の三角形番号の前に追加する文字
#             ¦¦¦¦¦【基準建物用】三斜計算の三角形番号の後に追加する文字
#             ¦¦¦¦¦¦《計画建物用》三斜計算の三角形番号の前に追加する文字
#             ¦¦¦¦¦¦¦¦《計画建物用》三斜計算の三角形番号の後に追加する文字
#             ¦¦¦¦¦¦¦¦
#TNKN_SET={,},(,),[,],<,>
#
#      最大番号が99以下であれば下記の設定により、
#      建物位置番号が□内数値または○内数値になる。
#TNKN_SET=□^w,,○^w,,[,],<,>
```

4・4 道路斜線

敷地の形はさまざまで整形な矩形はまれである。また道路づけなどの敷地条件も違う。天空率では敷地の形状や条件の違いが計算結果を左右する。この4.4節以降は、実務で遭遇するケースを斜線ごとに取り上げ（道路斜線、隣地斜線、北側斜線）、基本的なバリエーションを把握して実務の計画に応用していただきたい。作図のポイントは天空率の計算が測定点からの建物の見え方を根拠にしていることである。この点に留意し、測定点から見た計画建物と適合建物のシルエットが頭でイメージできれば複雑な形状や条件でも解決できるはずである。

なお、同じ形状・条件の敷地でも、審査機関の判断により測定点の取り方、適合建物や計画建物の形状が違うことがある。実務で利用する場合は必ず事前に打ち合わせること。

ここではまず、道路斜線制限を取り上げる。道路斜線制限は、計画では必ず確認すべき項目で、他の斜線制限に比べて、天空率を導入する機会も多いと思われる。しかし、道路斜線制限に対する天空率の導入では、敷地の形状以外に、道路の幅員、接する道路の数、接する道路の状況などにより、条文を読んだだけでは、どのように計算してよいかがわからないことが多い。

4・4・1 屈曲した道路の場合などの測定点

敷地の道路づけはさまざまである。屈曲した道路に接道していたり、道路幅員が一定でない場合などがある。
ここでは、道路づけによって測定点の配置がどう変わるかを事例で解説する。また、隅切の形状によっても変わる測定点も解説する。

4・4・1・1 屈曲した道路の測定点

前面道路が屈曲している場合は、その屈曲角度（敷地側から見た角度）により考え方が変わる。

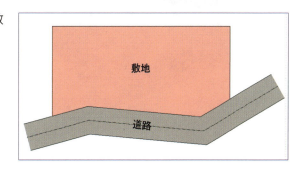

❶ 屈曲角度が120°以上の場合

屈曲角度（敷地側から見た角度）が120°以上の場合は、道路は1つの道路として扱う。
測定点は道路全体に配置する。
適合建物、計画建物も、それぞれ1つの建物とする。

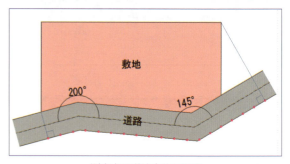

測定点は道路全体に配置

❷ 屈曲角度が120°以下の場合

屈曲角度が120°以下の場合は、道路は1つの道路としないで、当該屈曲点で区分して2つ以上として扱う。
測定点は区分した道路ごとに配置する。
適合建物、計画建物も、それぞれ区分する。

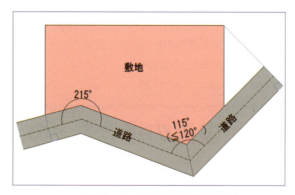

屈曲角度が120°以下の部分で道路を区分

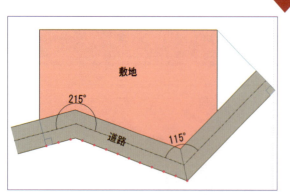
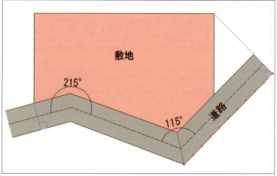

測定点は区分した2つの道路ごとに配置

4·4·1·2 幅員が一定ではない道路の測定点

道路の幅員が一定でない場合は、1つの道路として扱うか、あるいは幅員の異なる2つ以上の道路として扱う。

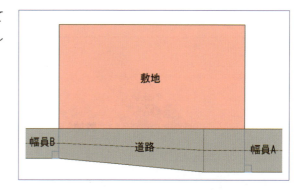

❶ 1つの道路として扱う場合

1つの道路として扱う場合は、測定点は道路全体に配置する。
適合建築物は、前面道路の反対の境界線に直交した勾配になる（図中の敷地内の線は適合建築物の等高線）。

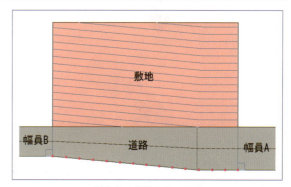

測定点は道路全体に配置

❷ 幅員の異なる2つ以上の道路として扱う場合

幅員の異なる2つ以上の道路として扱う場合は、敷地条件により、複数の区域となる場合がある。
適合建築物は、みなし道路の境界線に直交した勾配になる（図中の敷地内の線は適合建築物の等高線）。

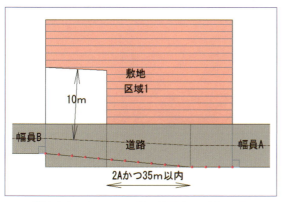

測定点は2Aかつ35m以内の範囲内の区域に配置

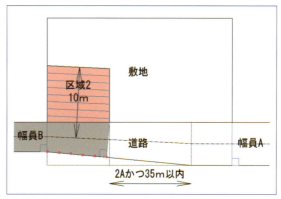

測定点は2Aかつ35m以内の範囲外の区域に配置

4·4·1·3 隅切りの測定点

隅切り部分は、その交差角度により測定点の範囲が変わる。

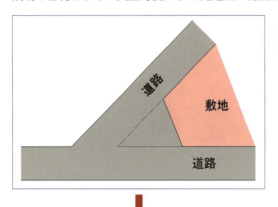

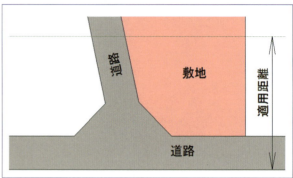

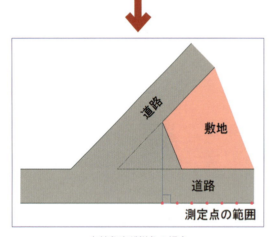

交差角度が鋭角の場合

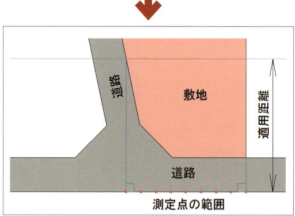

交差角度が鈍角の場合

4·4·2 異なる用途地域をまたぐ敷地

異なる用途地域にまたがっている敷地で、その用途地域で斜線勾配が変わる場合は、用途地域ごとに領域を分けて天空率計算を行う必要がある。ただ、領域は斜線の方向や勾配が変わる場合に分けるのであり、同じであれば分ける必要はない。異なる用途地域でも、斜線勾配が同じであれば全体で計算する。
ここでは、住居系と商業系の用途地域にまたぐ敷地を想定した。敷地と建物は同じだが、用途地域境の位置が違う2つのケースを解説する。また、計画建物は異なる高さをもつ形状としている。
なお、建物ボリュームの入力や天空率の計算では、レイヤの表示状態に注意して作図していただきたい。

4·4·2·1 4m道路に面した住居系と商業系にまたぐ敷地

図は、ここで扱う計画建物の事例である。2つの用途地域がともに道路に面していて、計画建物の高さはそれぞれ9mと12m、道路後退は1mとしている。計画建物も適合建物も用途地域境でカットして、それぞれで計算して作図する。

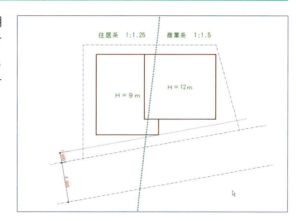

まず、住居系領域の敷地に立つ建物を作図する。

❶
1つ目の住居系領域の計画建物（高さ9m）（1レイヤ）を作図する。用途地域境でカットし、測定点は領域幅一杯の範囲で作図する。

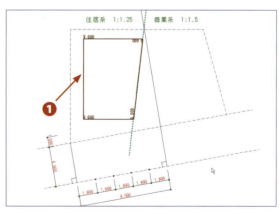

❷
2つ目の住居系領域の計画建物（高さ12m）（2レイヤ）を作図する。

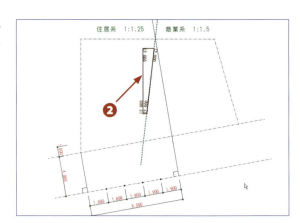

❸
次に住居系領域の適合建物（9レイヤ）を作図する（青色の線）。道路後退距離は道路斜線制限による。ここでは1mとする。

❹
敷地と用途地域境の交点までは、斜線方向で8.932mの距離なので、「高さ(m)」に「7.5＋8.932×1.25」と数式を入力する。数式が計算され、「18.665」の高さが設定される。

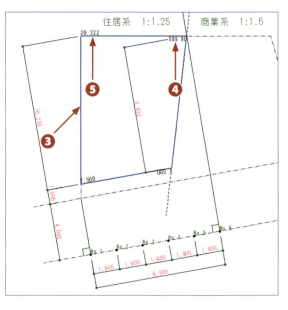

❺
同様に、敷地奥の角までは10.258mなので、「7.5＋10.258×1.25」として「20.322」と設定される。

❻
住居系領域の計画建物と適合建物が作図できたら（左下図）、住居系領域の建物ボリュームを確認する（右下図）。

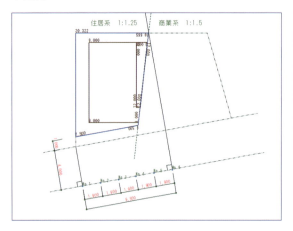

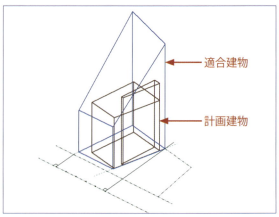

解説の都合上、「2.5D」コマンドの機能でアイソメ表示している

次に、商業系領域の敷地に立つ建物を作図する。

❼

1つ目の商業系領域の計画建物（高さ9m）（3レイヤ）を、前の操作と同様に作図する。

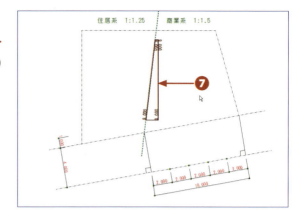

❽

2つ目の商業系領域の計画建物（高さ12m）（4レイヤ）を作図する。

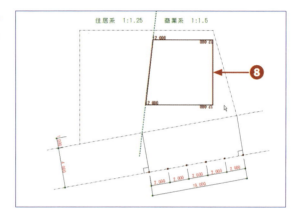

❾

次に商業系領域の適合建物（Bレイヤ）を作図する（青色の線）。高さは以下のようにする。

　前面側：
　　　6×1.5＝9m
　敷地と用途地域境の交点：
　　　9＋8.932×1.5＝22.398m
　敷地奥の角：
　　　9＋7.871×1.5＝20.807m

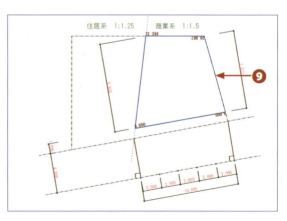

❿
商業系領域の計画建物と適合建物が作図できたら(左下図)、商業系領域の建物ボリュームを確認する(右下図)。

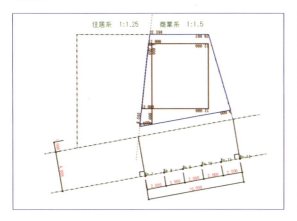
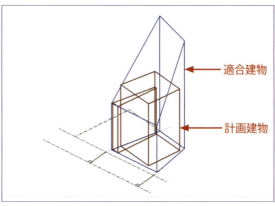

解説の都合上、「2.5D」コマンドの機能でアイソメ表示

⓫
住居系領域の計画建物(1・2レイヤ)(左下図)と適合建物(9レイヤ)(右下図)の天空率を計算する(結果は次ページを参照)。

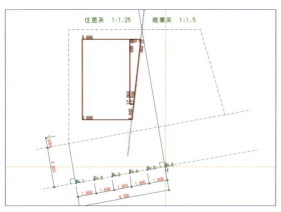
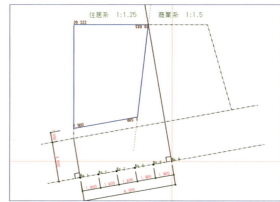

⓬
商業系領域の計画建物(3・4レイヤ)(左下図)と適合建物(Bレイヤ)(右下図)の天空率を計算する(結果は次ページを参照)。

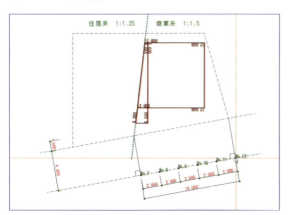
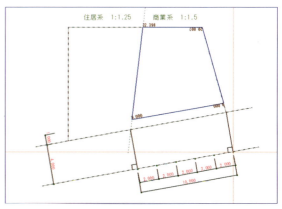

以下に、住居系領域と商業系領域の天空図と天空率を示す。

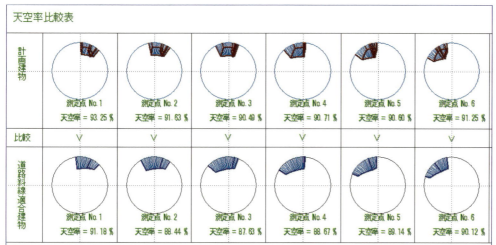

住居系領域

解説の都合上、「測定面高さ」の行は消去して文字サイズを大きくしている。

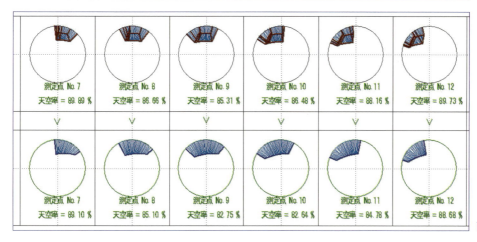

商業系領域

敷地や計画する建物形状にもよるが、用途境など、領域に分けて計算する場合、天空率がそれほど有利に働かない傾向がある。これは、用途境側の計画建物と適合建物のアキが取れないことが主な要因である。現状では、他の計算方法はなく、領域を分けた計算をするしかないが、天空率を使う場合、敷地や計画する建物形状の条件によって、緩和の度合いが違うということを認識しておいた方がよい。

参考までに、例題の測定点ごとの天空率の差分（計画建物と適合建物の差。上記の図の値）と、同じ例題を一体にして計算してみた場合の差分を、それぞれ比較した値を下表に示した。

No.1やNo.12などの敷地両側では似たような数値になったが、用途地域付近のNo.4～No.9では数値がかなり下回る結果となっている。

測定点		No.1	No.2	No.3	No.4	No.5	No.6
天空率（%）	領域を分けた場合	2.07	3.19	2.86	2.04	1.46	1.13
	領域を一体にした場合	1.96	3.15	3.00	2.54	2.34	2.64

	No.7	No.8	No.9	No.10	No.11	No.12
	0.79	1.56	2.56	3.84	3.38	1.05
	2.41	2.41	3.02	4.11	3.56	1.18

4·4·2·2 道路に面した領域が住居系、奥が商業系の敷地

図は、ここで扱う計画建物の事例である。
p.177「4.4.2.1 4m道路に面した住居系と商業系にまたぐ敷地」と同じ形状の敷地と建物で、道路に面した領域が住居系の用途地域、奥の領域が商業系の用途地域となっている場合を解説する。

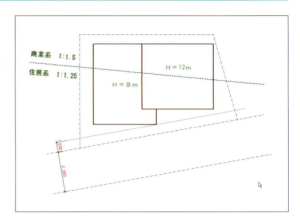

まず、住居系領域の建物を作図する。

❶

はじめに住居系領域の計画建物（1·2レイヤ）を作図する。建物ボリュームは用途地域境でカットし、測定点の範囲は道路境界線の両端間である。

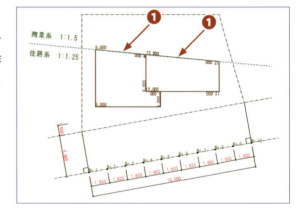

❷

次に住居系領域の適合建物（9レイヤ）を作図する（青色の線）。この場合は道路後退が1mなので、前面の高さは

　$1.25 \times (1+4+1) = 7.5$ となる。

敷地奥は、それぞれ

　$7.5 + 7 \times 1.25 = 16.25$m
　$7.5 + 3 \times 1.25 = 11.25$m

となる。

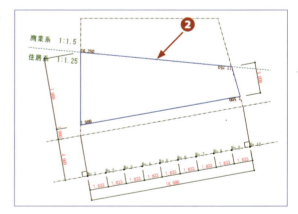

❸

住居系領域の計画建物と適合建物が作図できたら（左下図）、住居系領域の建物ボリュームを確認する（右下図）。

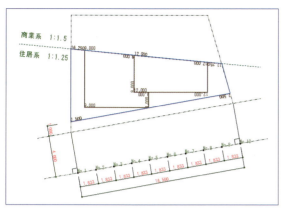 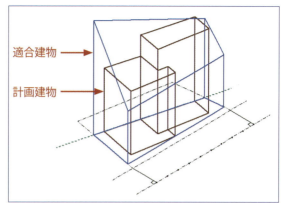

解説の都合上、「2.5D」コマンドの機能でアイソメ表示

次に、商業系領域の建物を作図する。

❹

はじめに商業系領域の計画建物（3・4レイヤ）を、前の操作と同様に作図する。ここでは、測定点は用途地域境と敷地の交点間で作図している。

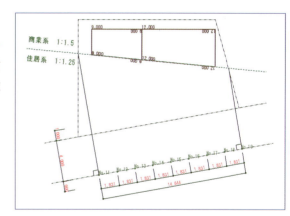

❺

次に商業系領域の適合建物（Bレイヤ）を作図する。前面の高さは後退距離を考慮している（住居系で後退しているので同じ条件とする）。後退した位置からの距離を測定し、高さはそれぞれ

　1.5×13＝19.5m
　1.5×9＝13.5m

敷地奥はそれぞれ

　19.5＋3.258×1.5＝24.387m
　13.5＋4.871×1.5＝20.807m

となる。

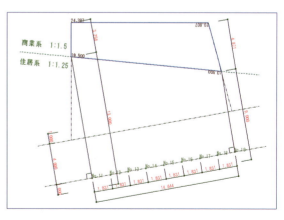

❻

商業系領域の計画建物と適合建物が作図できたら（左下図）、商業系領域の建物ボリュームを確認する（右下図）。

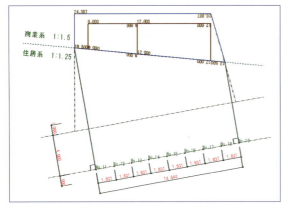

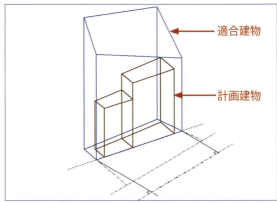

解説の都合上、「2.5D」コマンドの機能でアイソメ表示している

図に、商業系領域の天空図と天空率を示す。

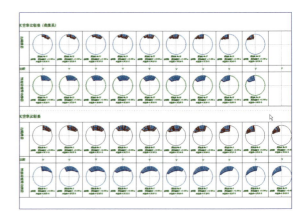

図は、No.10（住居系）の計画建物と適合建物の天空図を重ねた図である。計画建物は適合建物より大きく突出している。
道路斜線制限では建築できない形態であるが、天空率を導入することにより自由な計画が可能となる。なお、計算結果は、計画建物90.24％＞適合建物89.39％となっていて、差は0.85％である。

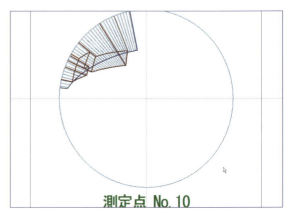

4·4·3 複数の道路と隣接する敷地

複数の道路に面する敷地では、敷地の形状、道路の数や幅員により、異なる道路斜線制限の区域が複数発生する。このような場合、天空率は道路斜線制限の区域を1つの領域として領域ごとに計算し、領域以外の敷地や建物は無視する。計算領域が増えると混乱しそうだが、同じ作業の繰り返しなので1つずつ確実に計算すればよい。重要なのは、測定点の位置は常に反対の道路境界線上に作図される点である。幅の広い前面道路の2a範囲内などでみなし道路の斜線制限がある領域でも、領域が面する道路の反対の道路境界線上に作図されるので間違えないようにしたい。この点は道路斜線と同様、みなし道路の境界線上に測定点を配置した方が緩和があるように思われるが、実際に天空率計算を行うと、幅の広いみなし道路の斜線制限で作られる適合建物を狭い道路の境界線上にある測定点で計算するため大きなボリュームが建築可能となる。測定点から見た建物をイメージすると理解しやすい。

ここでは、図の敷地を例に上げ、その適合建物を示す。計画建物は、適合建物と同様な領域でカットして計算すればよい。商業系の斜線勾配1：1.5、適用距離25m、3道路に面した敷地を想定し、道路Aは10m、道路Bは6m、道路Cは4mとした。なおここでは、適合建物は道路後退をしていない。

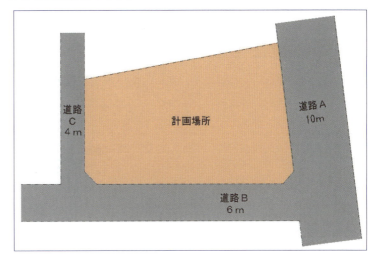

図は、道路A側の道路斜線制限区域である。
なお、図中の記号A・B・Cは、それぞれ道路A・道路B・道路Cの斜線制限を示す。

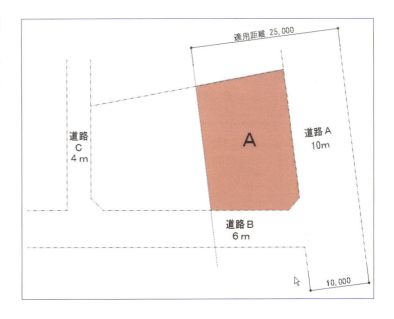

1 日影図と天空率	2 建物ボリューム	3 Jw_cadの日影図機能		A 真北の求め方
			4 Jw_cadの天空図機能	

図は、道路B側の道路斜線制限区域である。

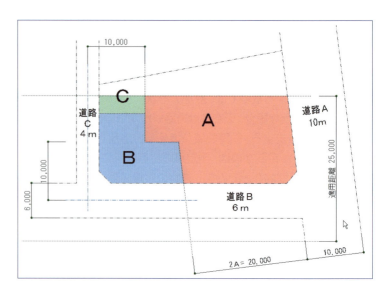

図は、道路C側の道路斜線制限区域である。

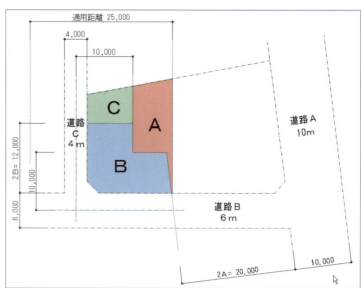

道路A側の適合建物（左下図）と、その確認表示（右下図）である。隅切の扱いは1例である。前面、隅切の奥の部分は水平距離×1.5m、敷地奥は適用距離の位置の高さを設定する。

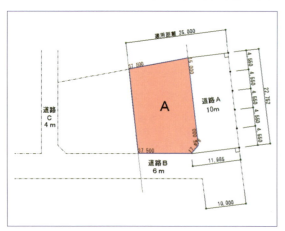
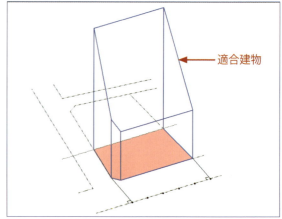

道路Bの道路Aによる計算領域の適合建物（左下図）と、その確認表示（右下図）である。前面はみなし道路である道路Aの水平距離×1.5m、敷地奥は適用距離の位置の高さを設定する。

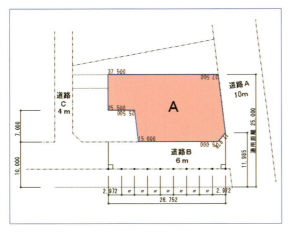
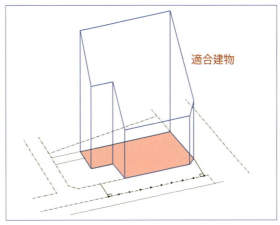

☞ 測定点が道路Bの境界線上であることに注意する。

道路Bの道路Bによる計算領域の適合建物（左下図）と、その確認表示（右下図）である。前面、隅切の奥の部分は水平距離×1.5m、敷地奥は2B＝12m、道路中心より10mの位置の高さを設定する。

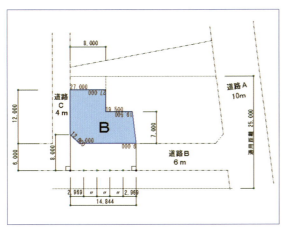
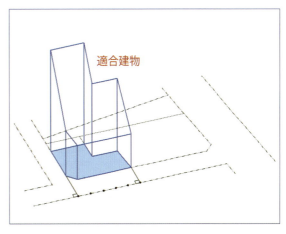

道路Bの道路Cによる計算領域の適合建物（左下図）と、その確認表示（右下図）である。

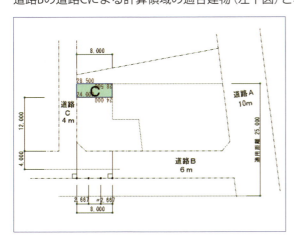
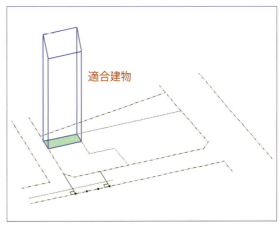

道路Cの道路Aによる計算領域の適合建物（左下図）と、その確認表示（右下図）である。前面は、道路中心から10m、道路Aから2aの距離の位置、敷地奥は適用距離の位置の高さを設定する。

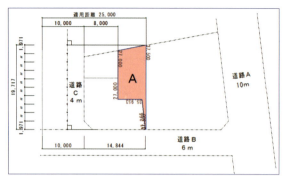
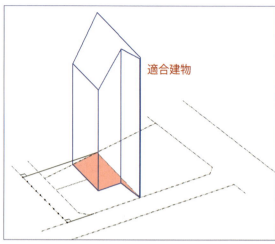

☞ 測定点が道路Cの境界線上であることに注意する。

道路Cの道路Bによる計算領域の適合建物（左下図）と、その確認表示（右下図）である。前面、隅切の奥の部分は、道路Bが水平距離×1.5m、敷地奥は道路中心から10m、道路Aから2aの距離の位置の高さを設定する。

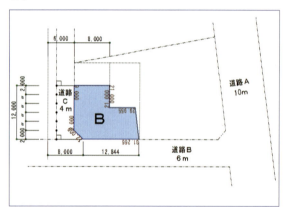
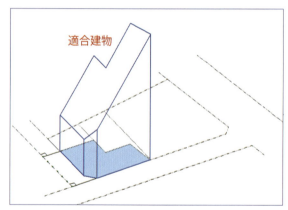

道路Cの道路Cによる計算領域の適合建物（左下図）と、その確認表示（右下図）である。

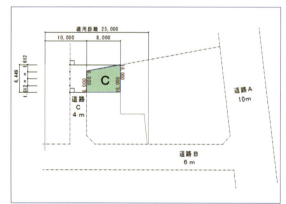
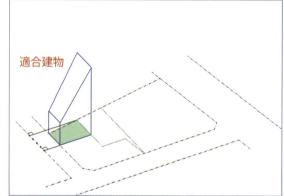

4·4·4 道路後退のある敷地

計画建物が道路境界線より後退している場合、適合建物の建つ位置についても後退させて考えがちであるが、必ずしもその必要はない。適合建物の位置は、道路境界線から計画建物の位置の間でなければならないが、その間であれば任意である。後退しない方が緩和が大きい場合もあるので、計画時には、後退した場合としない場合で確認をした方がよい。

ここでは、単純に適合建物で道路後退をする場合としない場合を比較しながら解説する。道路後退することで、天空図の建物形状がどのように変わるのかを理解してほしい。なお、建物が後退していても、測定点の位置は反対の道路境界線上であり、道路斜線の基点となる後退した位置ではないので、注意が必要である。

4·4·4·1 比較的間口の狭い商業系地域の敷地

ここでは、比較的間口の狭い商業系の地域での2つの適合建物の作図を例に上げ、道路後退の有無でどのように結果が違うかを示す。

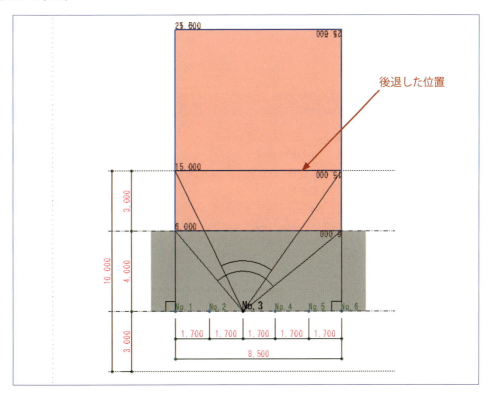

図は、測定点No.3の天空図で、2つの適合建物を重ねて表示している。道路後退をすると、天空図の建物の高さは高くなり、幅は狭くなる。

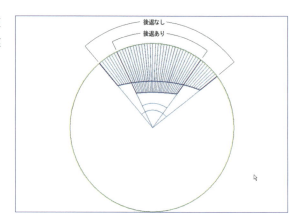

図は、測定点No.3で、道路後退の有無による天空率の比較図である。道路後退の「ない」場合の方が天空率が小さい、つまり緩和の方向である。

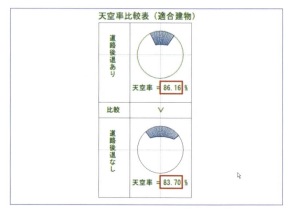

▶門や塀の扱い

審査機関によって判断が違うが、図のような後退の緩和が適用される高さ1mの門や塀も、原則として、天空率計算の対象になる。計画建物の計算の時、忘れないように注意する。

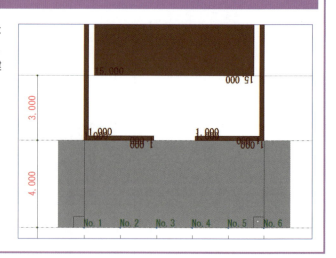

4·4·4·2 比較的間口の広い住居系地域の敷地

次は、比較的間口の広い住居系の地域での2つの適合建物の作図を例に上げ、道路後退の有無でどのように結果が違うかを示す。

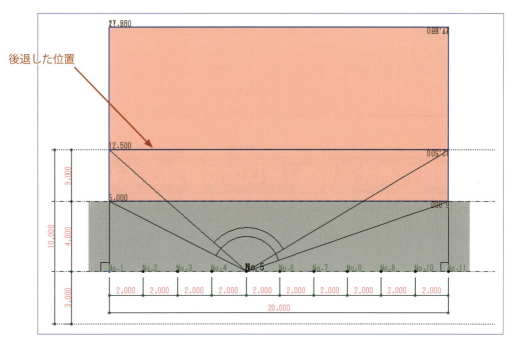

図は、測定点No.5の天空図で、2つの適合建物を重ねて表示している。道路後退をすると、天空図の建物の高さは高くなり、幅は狭くなる。

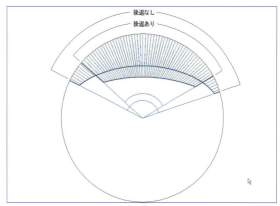

図は、測定点No.5で、道路後退の有無による天空率の比較図である。今度は、道路後退の「ある」場合の方が天空率が小さい、つまり緩和の方向である。
前々ページの例題と、この例題のように、建物の幅と高さのバランスによって、後退の有無による緩和が逆転することがある。

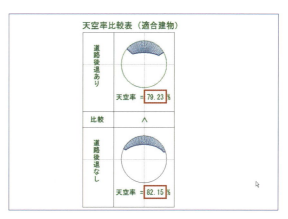

4·4·5 道路と高低差がある敷地

敷地に対して前面の道路に高低差がある場合、測定点の高さは道路中心高さなので、それぞれの測定点の高さも変化する。
また、道路が地盤に対して1m以上低い場合は、道路斜線制限が緩和されるので、適合建物も形状が変わることに注意が必要である。
建物ボリュームの高さの基準は、最も低いところで作成する。つまり、地盤も建物ボリュームとして作図することになる。地盤のボリュームを作図しておかなければ、正しい計算結果にはならない。
なお、前面の道路が地盤より高い場合は、測定点の高さ入力を間違えない限り通常の操作と同じである。

4·4·5·1 最大高低差1m以内の前面道路をもつ住居系敷地

ここでは、図のように、地盤に対して前面道路が1m以内の範囲で高低がある場合の例を元に、その作図方法を解説する。

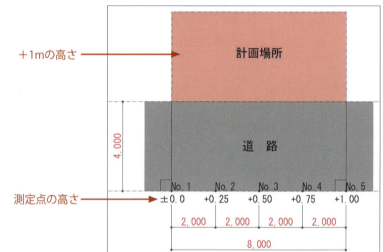

❶
まず、Aレイヤに地盤を作図する。作図の基準高さは、天空率測定点の最も低い高さを±0として測定する。

計画地盤面を±0として作図する方法はp.198を参照。

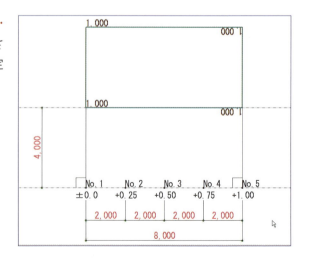

❷

次に、Bレイヤに適合建物を作図する。作図の基準高さは、天空率測定点の最も低い高さを±0として測定する。

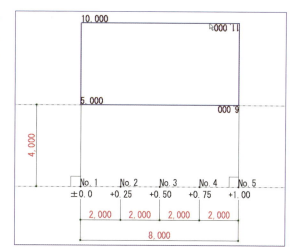

❸

地盤と適合建物のボリュームの高さを確認する。

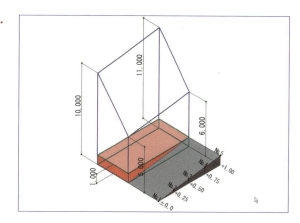

❹

測定点No.1の天空率を計算する。地盤と適合建物両方のレイヤを編集可能レイヤにして、合わせた天空率を計算する。

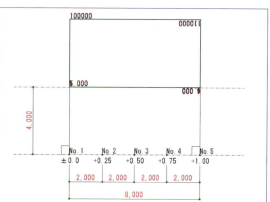

❺

測定点No.1の天空図を作図する。高さは±0である。

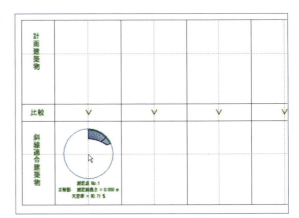

❻

測定点No.2の天空率を計算する。

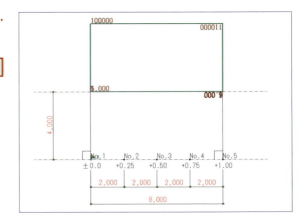

❼

測定点No.2の天空図を作図する。高さは±0.25である。

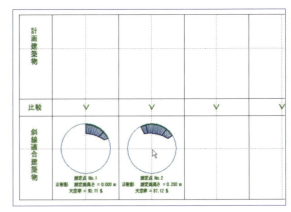

❽

測定点の高さに注意して、他の測定点の天空図を作図する。

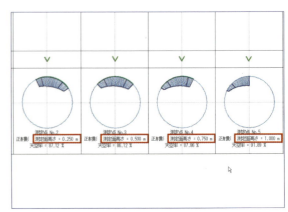

4·4 道路斜線

❾
続いて、Cレイヤに計画建物を作図する。地盤と適合建物両方のレイヤを編集可能レイヤにして、合わせた天空率を計算する。

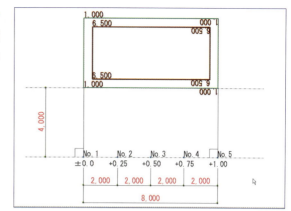

❿
計画建物と地盤のレイヤ（A・Cレイヤ）が編集可能なことと、測定点の高さを確認して、天空図を作図する。

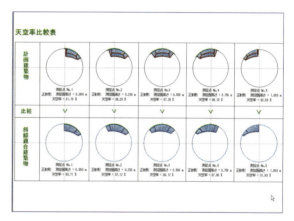

下図はそれぞれ、測定点No.1と測定点No.5の天空図の拡大である。
測定点No.1では、地盤も計算対象となり、天空図・天空率に反映される。
測定点No.5では、測定点と地盤面が同じ高さなので、建物だけの図になる。

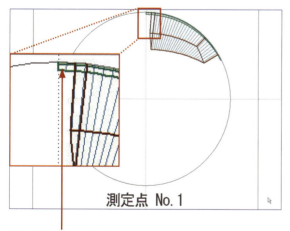

測定点 No.1

地盤が作図されている

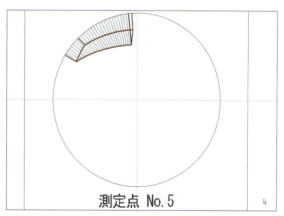

測定点 No.5

195

▶ 地盤を作図する理由

前記で地盤を作図するのは、測定点よりも地盤が高い場合の計画建物と適合建物の天空図を比較するためである。

図のように、天空図には地盤も作図される。適合建物は地盤も含めて高さを設定している。

図は、右上図の地盤＋計画建物と適合建物を重ねた状態である。地盤を入力していなければ正しい比較にならない。

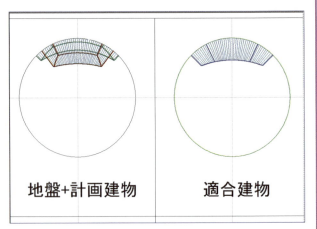

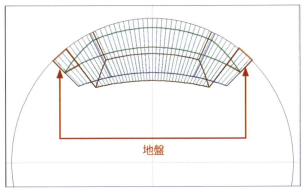

4·4·5·2 最大高低差1m以上の前面道路をもつ住居系敷地

地盤に対して前面道路が1m以上の高低差がある場合を考える。この場合の測定点高さは、道路斜線制限と同様、1m引いた残りの1/2の高さになる。作図方法は「1m以内の高低差」と同じだが、緩和のため道路の勾配が途中（測定点No.3）で変わるので、適合建物も同様に作図する。高低差は最大2mとした。この場合、1m以上下がった所の高さが緩和される。測定点No.1とNo.2が実際より高くなる。

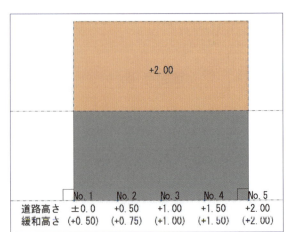

まず、Aレイヤに地盤を作図する。

❶

作図の基準高さは、天空率測定点の最も低い高さ（測定点の最も低い高さNo.1の実際の道路高さ）を±0として測定する。

計画地盤面を±0として作図する方法はp.198を参照。

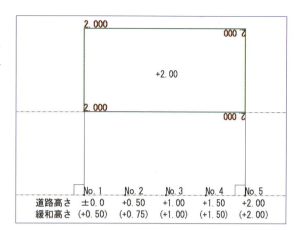

❷

次に、Bレイヤに適合建物を作図する。適合建物の壁は、No.3の所で折れるので、No.1からNo.5までを1本の線で作図せずに、No.1からNo.3、No.3からNo.5を別々に作図する。

❸

奥行きも同様に作図する。

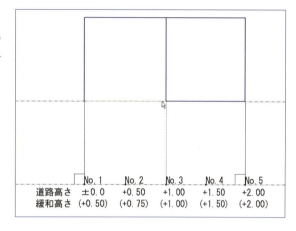

❹

適合建物に高さを設定する。

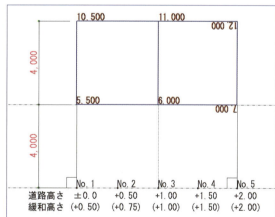

❺ 地盤と適合建物のボリュームの高さを確認する（右図は内容の説明図）。

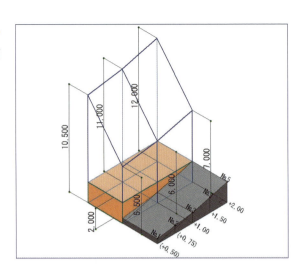

4·4·5·3　地盤面を基準高さとする場合

実務では地盤面を基準高さとすることが多いので、地盤面を±0として作業したくなる。数値の入力方法を変えることで、それも可能である。建物の高さの入力時に、庇の作図のように2つの数値を入力すればよい（p.78参照）。

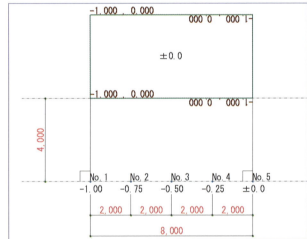

❶ まず、Aレイヤに地盤を作図する。高さの入力数値に下端と上端の数値をカンマ区切り入力する。

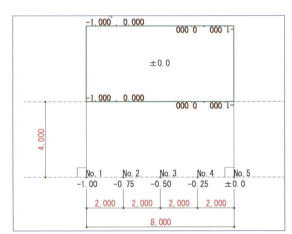

❷

次に、Bレイヤに適合建物を作図する。

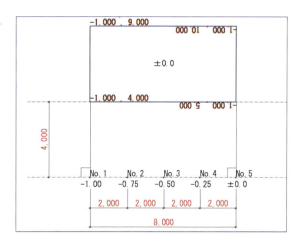

❸

続いて、Cレイヤに計画建物を作図する。

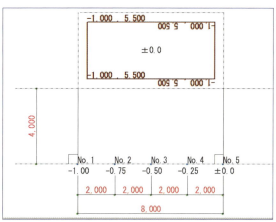

❹

天空図を作図する。測定点の高さを確認すること。

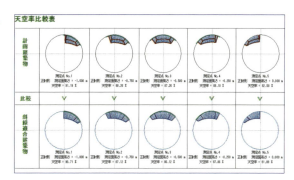

| 1 日影図と天空率 | 2 建物ボリューム | 3 Jw_cadの日影図機能 | A 真北の求め方 |
| 4 Jw_cadの天空図機能 |

▶ マイナスを付けた建物高さ

下図では、建物ボリュームを解説するため道路を作図している（天空率の計算では道路の作図は不要）。
日影図と天空図で作図する建物の高さでは、マイナスは単に負の数を意味するだけでなく別の機能をもつ。Jw_cadでは線の端部に1つの高さを設定すると、0から設定した高さまで垂直方向の線が自動で作図される。これが集まって壁などを構成し日影図や天空図ができるのである。マイナスが付いた数値で高さ設定すると、垂直の線を作図せず絶対値の高さに線が作図され、このため基準高より低い高さを設定する場合は、右図のように、カンマ区切りで数値を入力する。

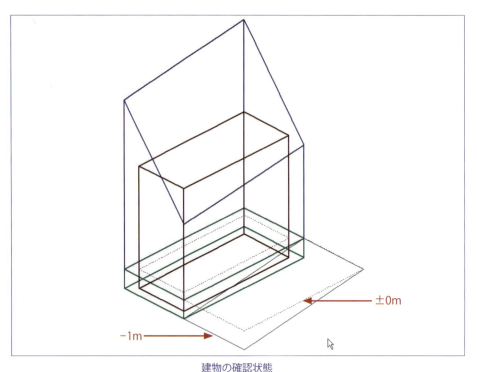

建物の確認状態
基準高さより下に道路の片側があり1枚の板のように表示されている

4·4 道路斜線

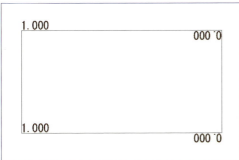

片側が基準高さより1m高い道路の高さ設定

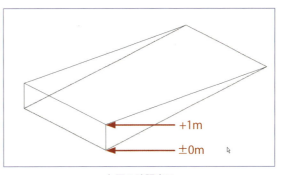

左図の確認表示

同様にして基準高さより1m低い道路を作図したつもりでも1m高い道路として表示される例

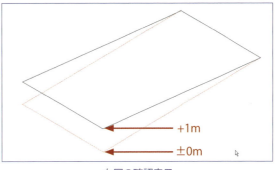

左図の確認表示

マイナスがあるため垂直の線のない絶対値の高さの図として表示される

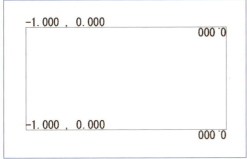

高さに2つの数値を入力して基準高さより1m低い道路を作図した場合

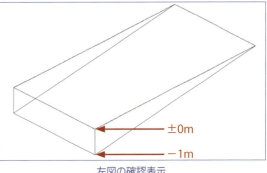

左図の確認表示

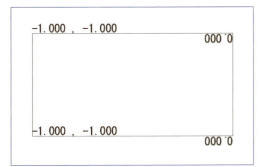

同じ高さの数値を2つ入力した場合

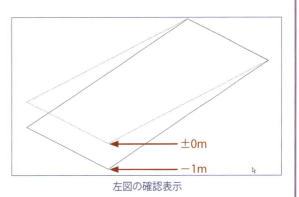

左図の確認表示

ここでの道路の高さの設定は、このようにするとよい。

201

4・4・6　入隅のある敷地

これまでの事例では、測定点に対し正面（斜線方向）に位置する建物ボリューム（適合建物、計画建物）に対して計算を行ってきた。同様の方法で入隅のある敷地を計算すると、問題が生じる。道路ごとに計算領域を分けると、入隅部分の建物ボリュームが計算領域から外れ、無制限に建築が可能となり、入隅部分にも斜線制限が適用されているという現状とは大きな違いができる。

このため、入隅部分特有の計算を行う。ここでは、JCBAの考え方に沿った作図を解説する。

4・4・6・1　4m道路に面した住居系敷地

ここでは、図のような4m道路に面する住居系の敷地を想定して作図方法を解説する。計画建物の道路後退は1mと1.5mで、道路斜線制限の適用距離の範囲内にある。

ここでは、隅切部分を無視して計算を行うこととする。また、後退距離の異なる場合の適合建物の形状についても、1つの例としてあげる。

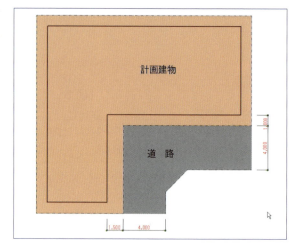

下図はこれまでの方法で領域を分けた場合である。

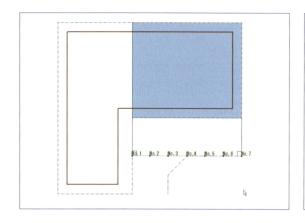
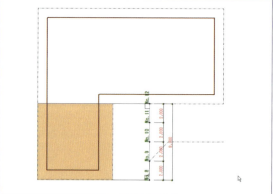

このままでは、入隅部分が計算対象から外れる。
道路斜線では円弧状に制限が掛かるが、天空率を使うと無制限に建築が可能となってしまう。

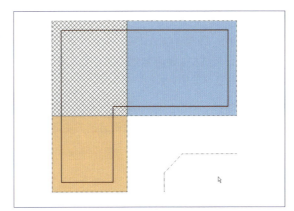

道路斜線の入隅では、全体を1つの領域として計算する。測定点も連続して分割する。

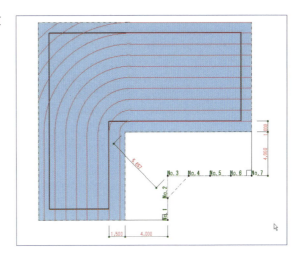

▶ 測定点の配置

図は道路斜線のイメージ（等高線で表示）である。
測定点は、道路の反対側の境界線上に連続して作図される（隅切りは無視している）。
測定点のピッチは、a－c間を道路幅員の1/2（2m）以下の距離で均等に割ったものになる。a－b間とb－c間ではないことに注意する。

「分割」コマンドを使って、指定距離以下で割り付ける手順で測定点を配置する。「分割」コマンドには1本の線を分割するだけでなく、連続した複数の線を均等に分割する「連続点分割」という機能がある。

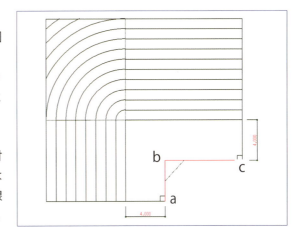

❶
「分割」コマンドを選択し、コントロールバー「等距離分割」「割付」「割付距離以下」にチェックを付け、「距離」に「2000」と入力する。

❷

「連続点分割」機能を使うので、ステータスバーのメッセージに従い、連続分割の始点として、点aを右ダブルクリックする。

❸

次の点指示待ちになるので、連続分割の中間点として、点bを右クリックする。

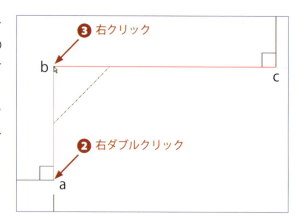

❹

コントロールバーに「両端に点」チェックボックスが表示されるので、チェックを付ける。

❺

連続分割の終点として、点cを右ダブルクリックし、点の指示を終了する。

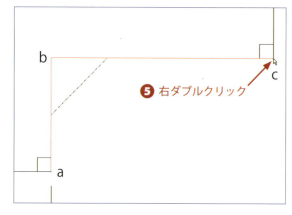

a－b－c間が2000以下の距離で均等に割り付けられ、点が作図された。

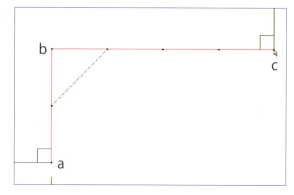

▶ 適合建物の作図

適合建物を作図する。ここでは、入隅部が円弧状に回り込んだ形状の建物を作図する。

❶

この建物ボリュームを作図する場合には、3つのブロックに分ける。

後退距離については、JCBAでは最小の距離（図では1,000m）ですべてのブロックを計算することになっているが、ここでは境界線ごとに分けている。

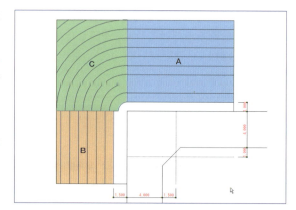

❷

まず、AとBのブロックの建物ボリューム（青枠）を、これまでの要領で、それぞれの道路の道路斜線により作図する。

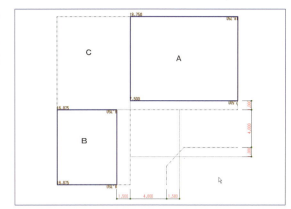

Cブロックが円弧状に回り込む適合建物を作図する。入隅角度を等角度で分割し、分割線に高さを与えて作図する。

❸

分割を行う区間の始線と終線を作図する。

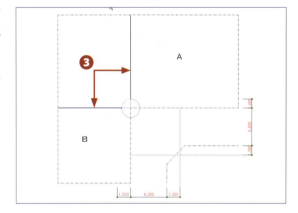

❹

「分割」コマンドを選択し、コントロールバー「等角度分割」を左クリックする。

❺

コントロールバー「分割」に「18」（ここでは5°で分割するので90÷5＝18）を入力する。

❻

分割の始線と終線として、**3**で作図した線を順次、左クリックする。

右上図のように18分割される（作図される分割線は17本）。

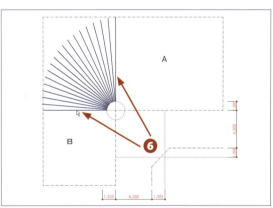

❼

分割した線を隣地境界線に揃えるため、「伸縮」コマンドを選択し、線を伸縮する（図は途中経過）。

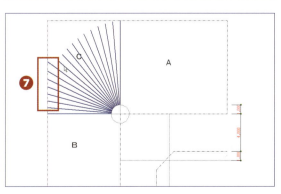

分割線を隣地境界線に揃えたら、高さの設定を行う。

❽

道路側の高さを設定する。道路側は後退距離1mで円弧状に回り込むので、すべての分割線の道路側を高さ7.5mで設定する。

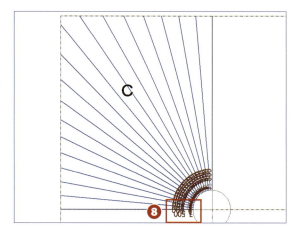

❾

分割線の長さを測定する。敷地奥側の高さを設定するため、「測定」コマンドで円弧の中心から隣地境界線までの長さを測定する（図は途中経過）。

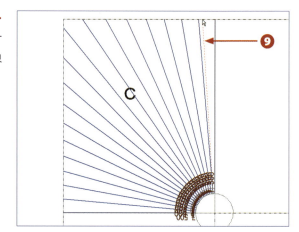

❿

敷地奥側の高さを設定する。測定した長さに斜線勾配の1.25を掛けた数値と道路側の高さ7.5mを足して、高さとして「天空図」コマンドで設定する。これを分割線ごとに繰り返す。

⓫

高さの設定された分割線を線で結び、隣地境界線側の壁を作図する（左下図）。

⓬

同様に、道路側も作図する（右下図）。

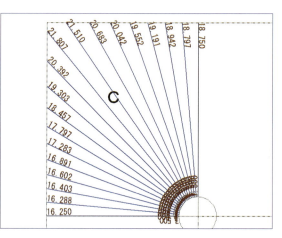

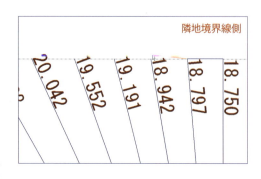

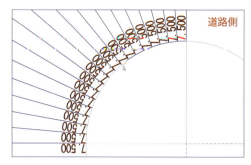

Cの領域の高さ設定が完了した（左下図。左下では敷地角（左上）の部分の高さ設定を省略している）。
これで、適合建物ボリュームが完成した（中下図）。右下図は、その建物ボリュームの確認画面である。

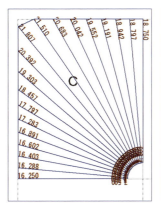
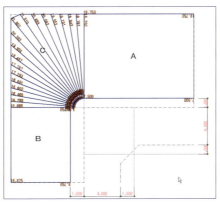
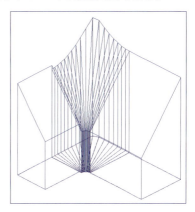

▶ 入隅部分を円弧処理した適合建物と簡略化した適合建物

本来であれば入隅部分を円弧処理して適合建物を作図し、天空率を計算した方が厳密な結果が得られる。
しかし、適合建物の作図が複雑になることから、適合建物を簡略化して作図することも考えられる。
簡略化した適合建物は、円弧処理した形状に比べ安全側で作図する。

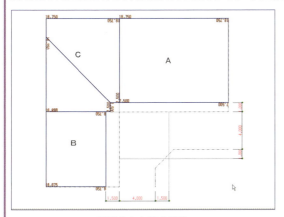
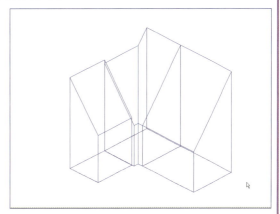

簡略化した適合建物　　　　　　　　　　　　簡略化した適合建物の確認画面

AとBのブロックの建物ボリュームをCブロックに延長した
形状としている。ただし、Cブロックの後退位置は、後退距
離の小さい方のAブロックに合わせている

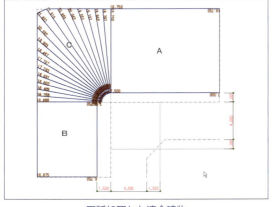
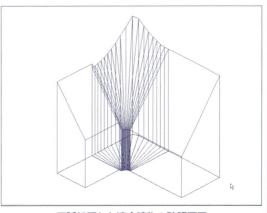

円弧処理した適合建物　　　　　　　　　　　円弧処理した適合建物の確認画面

| 1 日影図と天空率 | 2 建物ボリューム | 3 Jw_cadの日影図機能 | A 真北の求め方 |
| 4 Jw_cadの天空図機能 |

▶ 天空図と天空率の計算

❶

測定点の配置と建物ボリュームが作成できたら、測定点ごとの天空図と天空率を作図する。適合建物の天空率を計算する。

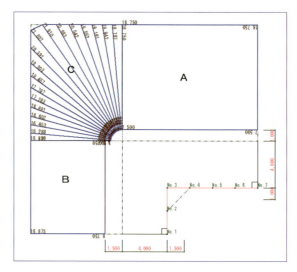

❷

計画建物の天空率を計算する。

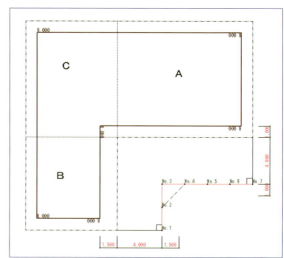

❸

すべての測定点の計算を行い、差分の比較（p.161参照）をして、天空率比較表を完成させる（下図は結果の一部）。

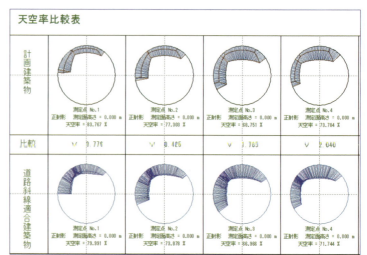

4・5 隣地斜線

隣地境界線も道路斜線と考えは同じである。作図手順も道路斜線と同じなので、基本的な操作や天空率の考え方などは、前節の道路斜線の解説も参考にしてもらいたい。

測定点を配置する位置が、隣地境界線から水平距離で16mおよび12.4mと中途半端な距離が定められているが、これは隣地斜線を延長した線と地盤面との交点の位置になる。つまり、道路斜線と同じように斜線の基点位置となる反対の道路境界線と同じである。隣地境界線では、これを基準線と呼ぶ。また、基準線上の測定点間隔が8mおよび6.2m以内というのも、道路斜線で道路幅の1/2以内とすることと同じである。

このように、基本的には道路斜線と同じように考えるが、後退がある場合の適合建物形状や入隅部分の扱いなどで若干の違いがある。隣地斜線は隣地境界線ごとに領域を分け計算を行う。道路斜線よりも敷地形状のバリエーションは多いので、間違いのないようにしたい。ここでは、測定点および適合建物の作図を解説する。計画建物は領域ごとにカットして作図すればよい。

4・5・1 隣地斜線の基本的な作図例

ここでは、下図のような敷地における建物ボリュームでの隣地斜線の作図例を取り上げる。隣地境界線ごとに領域を分けて計算を行う。

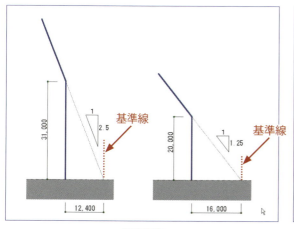

隣地斜線
基準線となる16mと12.4mの位置は斜線の基点位置

想定した商業系の敷地

❶
境界線Aの領域の適合建物と測定点を配置する。測定点は12.4mの1/2の6.2m以内ごとに作図する。ここでは「分割」コマンドで作図している（p.150参照）。

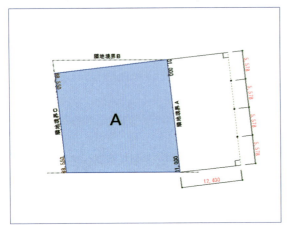
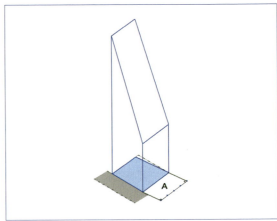

❷
境界線Bの領域の適合建物と測定点を配置する。

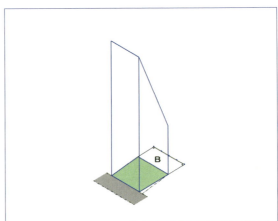

❸
境界線Cの領域の適合建物と測定点を配置する。

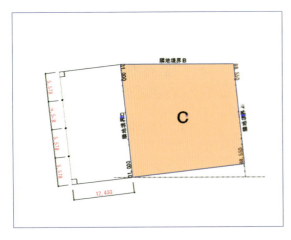
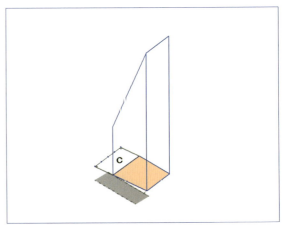

4·5·2 変形や凹凸のある敷地

実務で計画する敷地は、整形な敷地よりも変形している敷地の方が多い。境界が折れるたび天空率の計算領域が発生すると、敷地によっては極めて煩雑な作業となる場合がある。また、天空率の特性は、敷地と建物のアキ（適合建物と計画建物の平面的なアキ）や、斜線と建物のアキ（適合建物と計画建物の立面的なアキ）のバランスで、全体が緩和方向に向かうことにある。しかし、領域を細分化した結果発生する、他に挟まれた領域（例題での境界B、C、D、G、H、Iなど）は、領域と建物のアキがなく、斜線制限と同じ領域になる。そこで、小さな凸凹をまとめて1つの領域としてグループ化し簡略する考え方があるので、ここで紹介する。

グループ化することで、天空率計算による緩和のメリットが生まれると共に、煩雑な作図作業も軽減されるだろう。さらに隣地境界線全体を1つのグループとして適合建物と測定点を配置して計算する考え方もある。なお、グループ化は道路斜線制限で天空率計算する場合でも有効である。ただし、グループ化の判断については、敷地条件によっても変わる。実際の業務では事前に審査機関と打ち合わせて計画してもらいたい。

4·5·2·1 凸凹の多い敷地

ここでは、図のような凸凹の多い敷地における隣地斜線の建物ボリュームを考える。

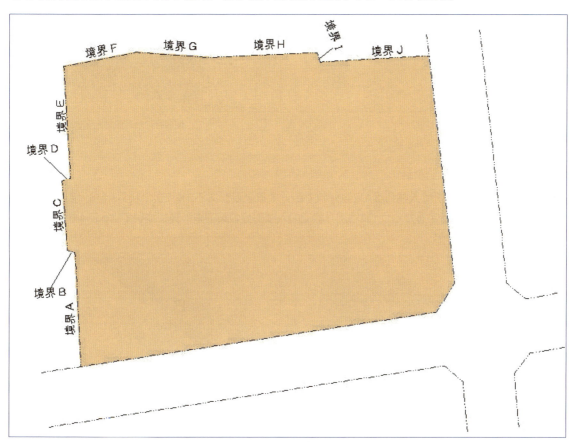

❶ 隣地境界線ごとの計算領域と測定点

各境界線ごとに区分した場合、領域と測定点は以下のようになる。

▶ 境界線に直交する線で区分する場合

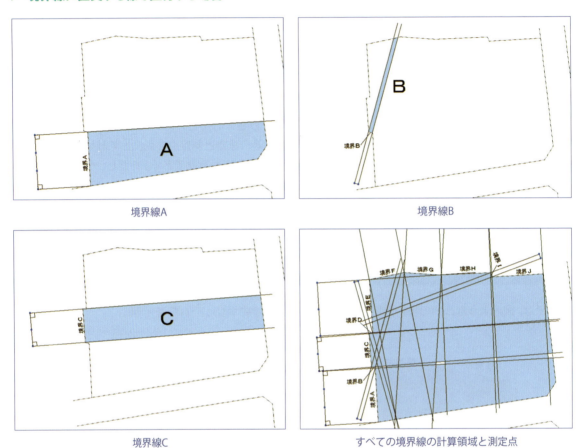

境界線A

境界線B

境界線C

すべての境界線の計算領域と測定点

▶ 入隅を考慮した場合

入隅状になっている箇所は入隅角度の2等分線で区分する必要がある。例では、境界AとB、境界CとD、境界GとH、境界IとJが該当するだろう（隣地境界線での入隅部分の天空率計算についてはp.214参照）。

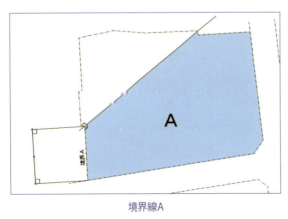

境界線A

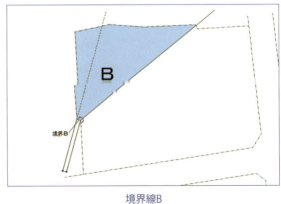

境界線B

4·5 隣地斜線

❷ グループ化した場合の計算領域と測定点

各境界線ごとに区分した敷地をグループ化した場合、領域と測定点は以下のようになる。

▼ 仮の敷地境界線を想定する場合

境界線A〜Eをグループ化して、その両端を結ぶ線を仮の隣地境界線として想定する。ただし想定する境界線は敷地の外に出ない（敷地の内側で内接する）位置とすること。適合建物は仮想の敷地境界線から敷地側に斜線勾配で作図する。測定点は、仮想の敷地境界線からではなく、各境界線から12.4mまたは16mの距離で、出隅は円弧処理する。作図は日影規制の5mおよび10mの規制ラインと同じ要領である。円弧がある場合、測定点の配置で「分割」コマンドによる「連続点分割」機能は使えないので注意する。

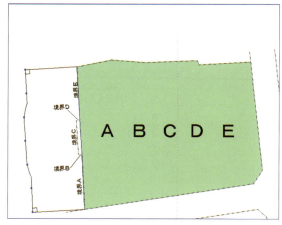

グループ化した境界線A〜E

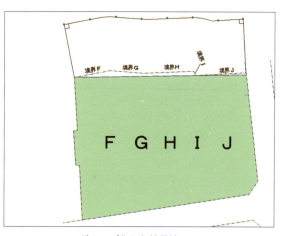

グループ化した境界線F〜J

▼ 仮の敷地境界線を想定しない場合

境界線A〜E間をグループ化する。
適合建物は敷地境界線から敷地側に斜線勾配で作図する。
測定点は、各境界線から12.4mまたは16mの距離で作図する。ただし境界A、C、Eと境界B、Dの測定点は位置が大きく異なる。このため、境界A、C、Eについてグループ化し、その両端から均等に割り付けて測定点を配置し計算を行い、境界B、Dについてはそれぞれ単独で天空率の計算を行う。

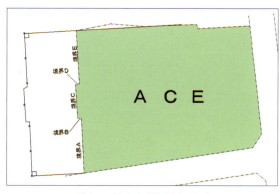

グループ化した境界線A、C、E

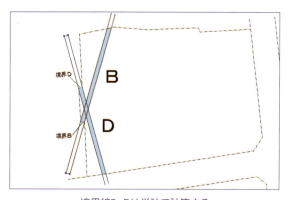

境界線B、Dは単独で計算する
グループ化は斜線方向がおおむね同じ境界線どうしで行わなければ隣地斜線制限との乖離が生じる

213

4·5·3 入隅のある敷地

隣地境界線での入隅敷地の考え方は2つの境界線を1つの領域で計算することはない。

4·5·3·1 領域を2つに区分する

敷地を入隅角度の2等分線で区分して領域を2つに分ける。

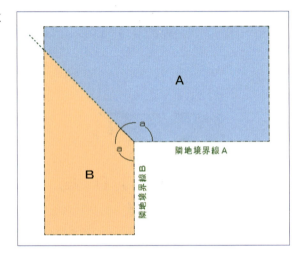

下図は、領域Aおよび領域Bの計算領域と測定点である。

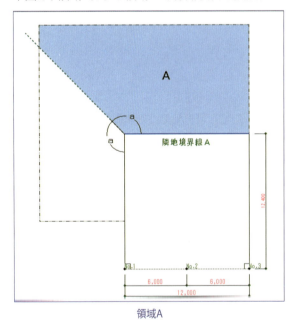

領域A

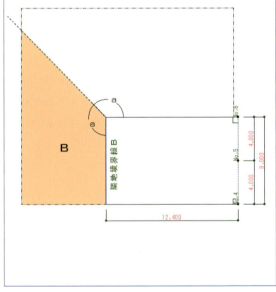

領域B

4·5·4 後退を考慮した適合建物

隣地斜線制限では、31m（または20m）より上部で、敷地より建物が後退していれば、緩和がある。天空率計算においても、適合建物を、後退による緩和を反映した形状とすることができる。ここでは、後退のある適合建物の隣地斜線の作図方法を解説する。

なお、道路斜線の場合と同様に、測定点が作図される基準線の位置は、後退の有無に関係なく一定である。天空率の基準線の位置は変わらない。

4·5·4·1 後退のある隣地斜線

下図は、ここで取り上げる例の、後退のある隣地斜線（左下図）と敷地図（右下図）である。

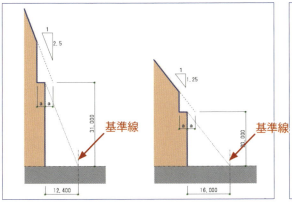
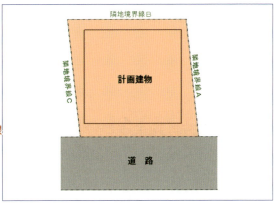

ここでは、境界線Bの適合建物を作図する。

❶
まず、高さ31m部分を作図する。

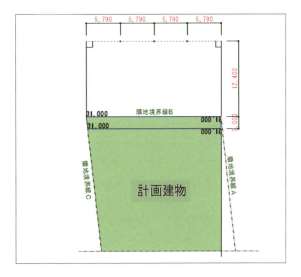

❷
次に、後退した位置から奥の部分を作図する。高さ31m部分とはレイヤを分けて作図する。

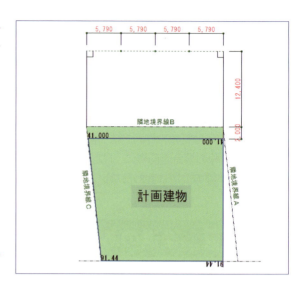

❸
適合建物が完成したので、適合建物の確認をする。

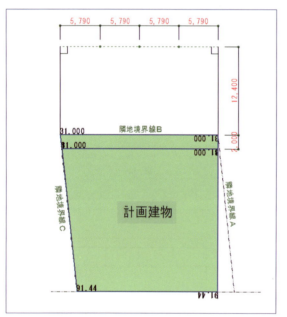
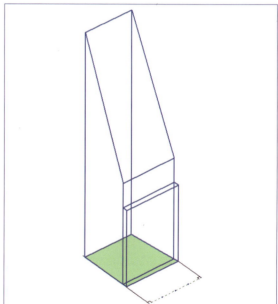

4·6 北側斜線

天空率は、建築基準法の道路斜線、隣地斜線および北側斜線について適用される。東京都の高度地区のように、他の法令などで定められている制限については適用されない。特に、北側の高さ制限については、行政ごとに基準を定めている場合が多いので、留意しておきたい。
北側斜線制限において、天空率計算を行う場合のポイントは、これまでの斜線制限とは違う計算領域と測定点の配置の考え方である。道路斜線と隣地境界線は、原則として、境界線ごとに計算領域を分けて、それぞれで天空率の計算を行う。ところが、北側斜線では、斜線方向が真北方向で一定であり、制限のある境界線で条件がすべて同じである。このため、境界線ごとに天空率計算を行うのではなく、真北に面する境界線の両端を1つの計算領域とする。
測定点も、その区間で均等に作図する。ただし、地盤の高低差や低層住居専用地域と中高層住居専用地域の用途地域境がある場合など、斜線制限の条件が変わる部分は、これまでどおり、別の領域として扱う。ここでは、測定点、適合建物の作図を解説する。計画建物は領域ごとにカットして作図すればよい。

4·6·1 北側斜線の基本的な作図例

ここでは、下図のような敷地における建物ボリュームでの北側斜線の作図例を取り上げる。道路斜線や隣地斜線の天空率計算と異なり、境界線ごとに計算せずに、真北に面する境界線の両端を1つの領域として計算する。

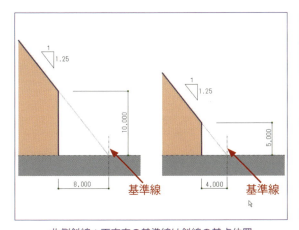

北側斜線:天空率の基準線は斜線の基点位置
測定点の配置間隔は北側斜線に限り境界線と基準線間の1/2以内ではなく、1mまたは2m以内となっているので注意

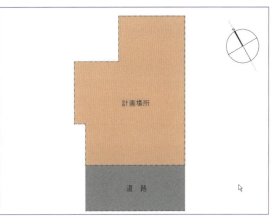

想定した低層住居専用地域(絶対高さ10m)

4·6·1·1　北側斜線の作図

「日影図」コマンドで真北を設定し（左下図。手順はp.96参照）、北側斜線の制限を受ける境界線を確認する。右下図では、確認のため線色を変更して図示している。

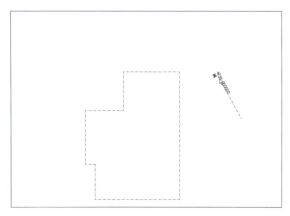 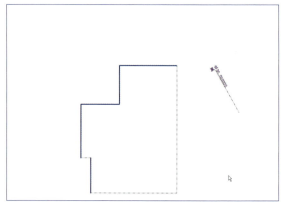

まず、基準線を作図する。基準線は真北方向に4mの間隔とする。

❶
真北（方位方向）の線を、下端を敷地の端点に合わせて複写する。

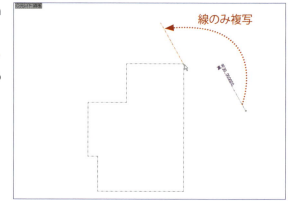

❷
前項の敷地端点を中心に、「円」コマンドで半径4mの円を作図する。

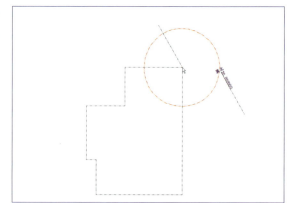

北側斜線の制限を受ける境界線を複写する。

❸
「複写」コマンドで図のような範囲を矩形範囲選択し、その確定前に、図の縦線を左クリックして追加選択し、選択を確定する。

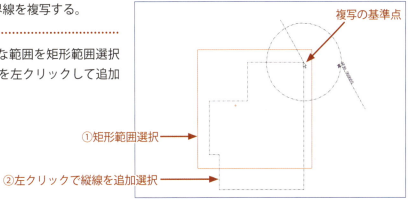

❹
選択した境界線を、真北方向の線と円の交点に複写する。

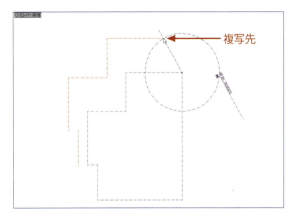

❺
計算領域と測定点作図の基準線を確認する。ここでは、斜線制限を受ける境界線で連続するものを1つの計算領域としているため、2つの計算領域（AとB）で計算している。

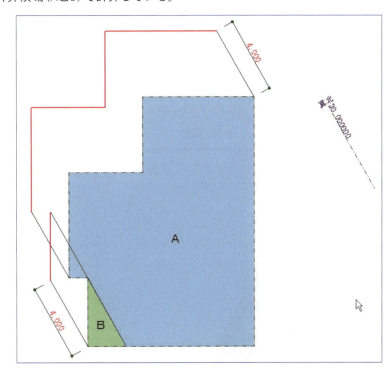

❻

領域Aの測定点(左下図)および領域Bの測定点(右下図)を作図する。
測定点は基準線上に1m以内に作図する。「分割」コマンドの「連続点分割」機能で作図できる(p.204参照)。

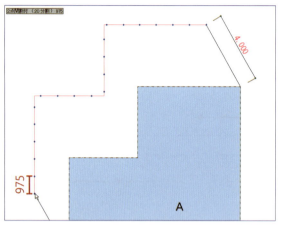
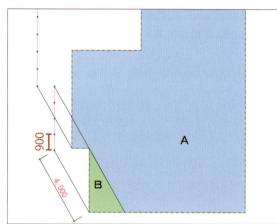

❼

領域Aの適合建物を作図し、確認する。

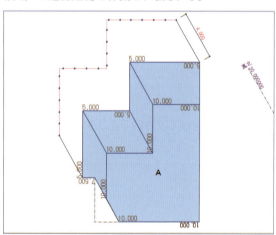
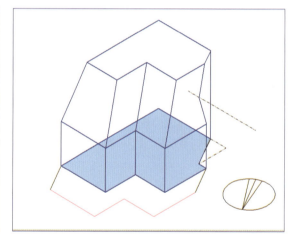

❽

領域Bの適合建物を作図し、確認する。

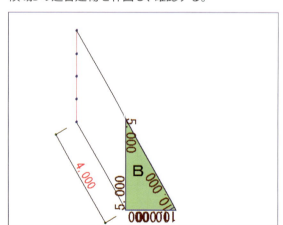
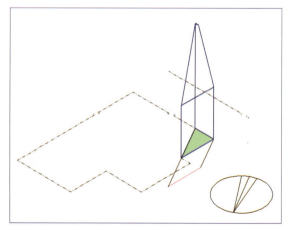

Appendix

真北の求め方

A·1 国土地理院の基盤地図情報データを利用し、
真北を求める方法 222

A·2 基盤地図情報データを使う準備 232

これまで真北を求めるには、太陽が南中する時刻に下げ振りなどを使い、影を観測する方法や測量会社に依頼したりしていたが、国土地理院が提供している基盤地図情報データを利用し、案内図を作成しながら真北を求める方法を紹介する。
なお、真北を求める場所は、「東京都港区六本木7-2-26」を使用した。

A·1 国土地理院の基盤地図情報データを利用し、真北を求める方法

A·1·1 基盤地図情報をダウンロードする

国土地理院の基盤地図情報データを利用するには、あらかじめ、p.232「A・2 基盤地図情報データを使う準備」の解説に従って利用者登録を行っておかなければならない。これは最初に1回だけ行えばよい。ここでは、その準備が済んでいるという前提で、真北を求める方法を解説している。

❶
付録CD-ROMの「Jw_cad 日影・天空率完全マスター[Jw_cad 8 対応版] 関連サイト&ソフト リンク集」(以降「リンク集」と略称)の「□本書のリンク集」の「参考」にある「基盤地図情報のダウンロード」を左クリックする。
リンク集が開かない場合はp.15を参照。

❷
画面が切り替わるので、「ダウンロード」の「基盤地図情報 基本項目」の「ファイル選択へ」を左クリックする。

❸
画面が切り替わるので、左側の「基本項目」タブの「選択方法指定」の「地図上で選択」に●が付いていることを確認する。

A-1 国土地理院の基盤地図情報データを利用し、真北を求める方法

❹

右側の日本地図で、ダウンロードしたいエリアを拡大表示していく。
地図は、グリッド（方眼線）でエリアに分かれているので、選択したいエリアを左クリックする。ここでは、エリア「5339」を左クリックする。

エリア上でマウスホイールボタンを回転させると、地図が無段階で拡大縮小する。

❺

グリッドが細分化されるので、ここでは、エリア「533935」を左クリックする。

❻

エリア「533935」が半透明の水色で塗られる。
左側の「ダウンロードファイル確認へ」を左クリックする。

223

❼

画面が切り替わるので、「基盤地図情報最新データ」の左端にあるチェックボックスにチェックを付け、右端にある「ダウンロード」を左クリックする。

❽

画面の下側にダイアログが開くので、「保存」を左クリックする。

❾

ダウンロードが終了すると画面下側のダイアログが切り替わるので、「フォルダーを開く」を左クリックする。

❿

「ダウンロード」ウィンドウが開くので、ダウンロードしたファイルを確認する。

以上で、扱うエリアの基盤地図情報のダウンロードは完了である。

A·1·2 基盤地図情報ビューアで地図を変換する

次に、「基盤地図情報ビューア」(p.233参照)を利用してダウンロードした地図を、Jw_cadで読み込める形式に変換する。

❶

「基盤地図情報ビューア」を起動して(p.235参照)、「ファイル」メニューの「新規プロジェクト作成」を左クリックする。

❷

「新規プロジェクト作成」ダイアログが開くので、読み込むファイルとして前項❸でダウンロードして保存したファイルを指定して、「OK」を左クリックする。

地図が読み込まれる。

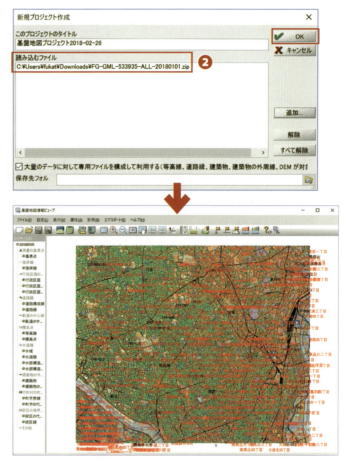

❸

目的の場所を拡大して表示させ、「エクスポート」メニューの「矩形領域設定」を左クリックする。

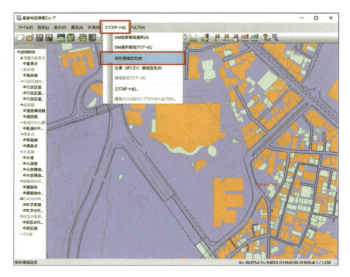

❹
ツールバーの図に示したボタンを左クリックし、必要な範囲を、長方形の頂点である左上→右下と順次、左クリックして設定する。

地図データは容量が大きく、大きな範囲を選択すると編集しづらい状況になるので、なるべく必要な範囲を選択するとよい。

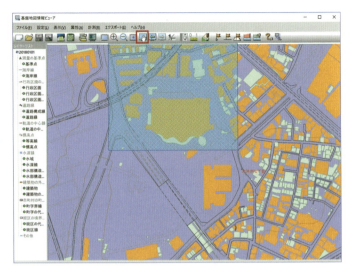

❺
「エクスポート」メニューの「エクスポート」を左クリックする。

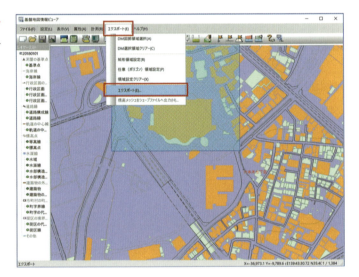

❻
「エクスポート」ダイアログが開くので、「変換種別」として「SXF(SFC)ファイル」を選択し、「変換する領域」として「設定された領域内の要素のみを出力」を左クリックして◉にする。

❼
「出力先フォルダ」を指定して、「OK」を左クリックする(ここでは、出力先フォルダを「デスクトップ(Desktop)」に設定している)。

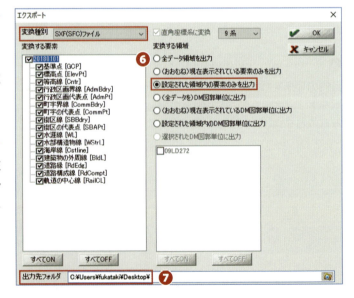

A·1 国土地理院の基盤地図情報データを利用し、真北を求める方法

❽

出力完了を示すダイアログが開くので、確認してから「OK」を左クリックする。

A·1·3 Jw_cadに地図データを読み込む

次に、SXF形式に変換した基盤地図情報データ（敷地周辺図）を、Jw_cadに読み込む。

❶

Jw_cadを起動して、「ファイル」メニューの「SFCファイルを開く」を左クリックする。

❷

「ファイル選択」ダイアログが開くので、前項❽でエクスポートしたファイルを左ダブルクリックして開く。

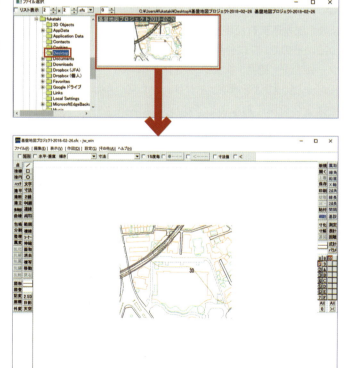

227

❸
変換した基盤地図のスケールは1/2500だが、Jw_cadで読み込むと1/1になってしまうので、スケールを変更する。
ステータスバーの「S=1/1」部分を左クリックする。

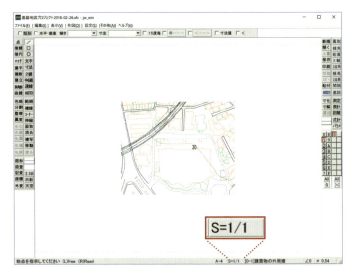

❹
「縮尺・読取 設定」ダイアログが開くので、「縮尺」を「1/2500」に設定し、「縮尺変更時」は「図寸固定」を左クリックして◉にし、「OK」を左クリックする。

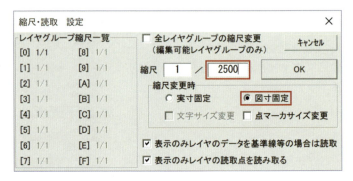

❺
また、読み込まれた地図はブロックになっているので、ブロック解除を行う。
ツールバー「範囲」ボタン→コントロールバー「全選択」を順次、左クリックして地図全体を操作対象にしてから、「編集」メニューの「ブロック解除」を左クリックする。

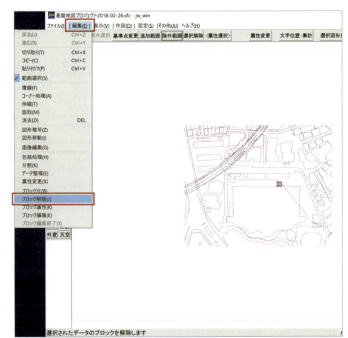

A·1 国土地理院の基盤地図情報データを利用し、真北を求める方法

A·1·4 真北方向角を求める

次に、地図の北（上方向）は方眼北なので、真北方向角を求める（p.231「「真北」と「方眼北」の関係」を参照）。

❶
付録CD-ROMの「リンク集」（p.222参照）「本書のリンク集」の「国土地理院　緯度、経度への換算」を左クリックする。

❷
画面が切り替わるので、「1点毎の計算」の「地図上で選択」を左クリックして◉にする。

❸
画面を下にスクロールして地図を表示させ、目的地を拡大して、左クリックで計算位置を指定する。

左クリック

229

❹
画面を上にスクロールして、「計算実行」を左クリックすると、計算結果が表示される。
ここでは、真北方向角に「+0°03′45.59″」と表示された。
この意味は「真北が方眼北に対して時計回りに0度3分45.59秒傾いている」ということである。

A·1·5 真北を補正する

真北が方眼北に対して時計回りに0度3分45.59秒傾いているということは、地図を反時計回りに0度3分45.59秒傾ければ、地図上の北（上方向）が真北となる。

❶
ツールバー「範囲」ボタン→コントロールバー「全選択」を順次、左クリックして、地図全体を操作対象にする。

❷
コントロールバー「基準点変更」を左クリックしてから、地図の中央付近を左クリックする。

❸
ツールバー「移動」ボタンを左クリックして、コントロールバー「回転角」に「0@@3@45.59」(*1)と入力する。

❹
回転の中心とする位置を左クリックすると、地図全体が反時計回りに0度3分45.59秒地図が傾く。

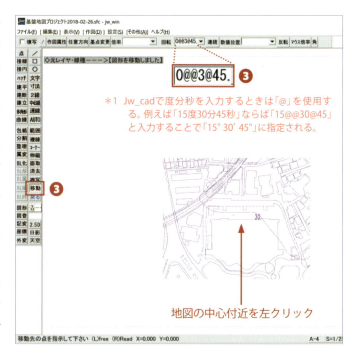

これで、図面の真上が真北となったので、敷地の基準となる一辺に対して真北の角度が求められる。

▶「真北」と「方眼北」の関係

地形図には「真北」「磁北」「方眼北」という3種類の「北」が存在する。

「真北」とは、北極点、地軸の北端（北緯90度地点）を示す方位をいい、「磁北」とは、方位磁針のN極が示す方位をいい、「方眼北」とは、地図上の方眼縦線の上方向をいう。

ここでいう地図とは、平面直角座標系という投影法により、楕円体である地球の表面を平面の地図として表現する手法で、日本を19地域に分割して各地域に原点を設定し、X軸、Y軸の方眼で座標を表している（*1）。

*1 測量では縦線をX軸としている。数学の座標系とは逆である

平面直角座標の原点を通る方眼北は真北と合致するが、他の方眼線は合致しない。このため方眼北は、原点の東側では真北に対して右に、西側では左に傾いている。

関東地方は、平面直角座標系の「第9系」に属しており、その原点は千葉県野田市内にある。例えば、野田市よりも西（Y軸が"−"）に位置しているところは、真北は方眼北に対してやや右側に傾いており、東（Y軸が"＋"）に位置しているところは、真北は方眼北に対してやや左側に傾いていることになる。

平面直角座標系

系番号	座標系原点の経緯度 経度（東経）	座標系原点の経緯度 緯度（北緯）	適用区域
I	129度30分0秒0000	33度0分0秒0000	長崎県 鹿児島県のうち北方北緯32度南方北緯27度西方東経128度18分東方東経130度を境界線とする区域内（奄美群島は東経130度13分までを含む。）にあるすべての島、小島、環礁及び岩礁
II	131度0分0秒0000	33度0分0秒0000	福岡県 佐賀県 熊本県 大分県 宮崎県 鹿児島県（I系に規定する区域を除く。）
III	132度10分0秒0000	36度0分0秒0000	山口県 島根県 広島県
IV	133度30分0秒0000	33度0分0秒0000	香川県 愛媛県 徳島県 高知県
V	134度20分0秒0000	36度0分0秒0000	兵庫県 鳥取県 岡山県
VI	136度0分0秒0000	36度0分0秒0000	京都府 大阪府 福井県 滋賀県 三重県 奈良県 和歌山県
VII	137度10分0秒0000	36度0分0秒0000	石川県 富山県 岐阜県 愛知県
VIII	138度30分0秒0000	36度0分0秒0000	新潟県 長野県 山梨県 静岡県
IX	139度50分0秒0000	36度0分0秒0000	東京都（XIV系、XVIII系及びXIX系に規定する区域を除く。）福島県 栃木県 茨城県 埼玉県 千葉県 群馬県 神奈川県
X	140度50分0秒0000	40度0分0秒0000	青森県 秋田県 山形県 岩手県 宮城県
XI	140度15分0秒0000	44度0分0秒0000	小樽市 函館市 伊達市 北斗市 北海道後志総合振興局の所管区域 北海道胆振総合振興局の所管区域のうち豊浦町、壮瞥町及び洞爺湖町 北海道渡島総合振興局の所管区域 北海道檜山振興局の所管区域
XII	142度15分0秒0000	44度0分0秒0000	北海道（XI系及びXIII系に規定する区域を除く。）
XIII	144度15分0秒0000	44度0分0秒0000	北見市 帯広市 釧路市 網走市 根室市 北海道オホーツク総合振興局の所管区域のうち美幌町、津別町、斜里町、清里町、小清水町、訓子府町、置戸町、佐呂間町及び大空町 北海道十勝総合振興局の所管区域 北海道釧路総合振興局の所管区域 北海道根室振興局の所管区域
XIV	142度0分0秒0000	26度0分0秒0000	東京都のうち北緯28度から南であり、かつ東経140度30分から東であり東経143度から西である区域
XV	127度30分0秒0000	26度0分0秒0000	沖縄県のうち東経126度から東であり、かつ東経130度から西である区域
XVI	124度0分0秒0000	26度0分0秒0000	沖縄県のうち東経126度から西である区域
XVII	131度0分0秒0000	26度0分0秒0000	沖縄県のうち東経130度から東である区域
XVIII	136度0分0秒0000	20度0分0秒0000	東京都のうち北緯28度から南であり、かつ東経140度30分から西である区域
XIX	154度0分0秒0000	26度0分0秒0000	東京都のうち北緯28度から南であり、かつ東経143度から東である区域

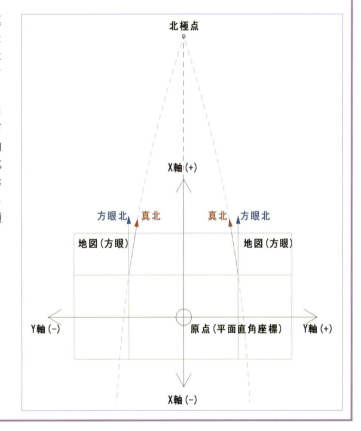

A·2 基盤地図情報データを使う準備

A·2·1 利用者登録を行う

国土地理院の基盤地図情報データを使用するには、利用者登録（無料）を行う必要があるので、次の手順で行う。

❶ 付録CD-ROMの「リンク集」(p.222参照)の「□本書のリンク集」の「参考」にある「基盤地図情報のダウンロード」を左クリックする。

❷ 画面が切り替わるので、「ダウンロード」の「新規登録」を左クリックする。

❸ 「個人情報等の取扱いについて」を一読してから「上記内容に同意します」にチェックを付けて、「進む」を左クリックする。

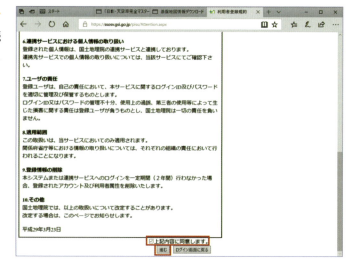

❹ 以降、画面の指示に従って、順次、必要な入力を行い、登録を完了する。

A·2·2 基盤地図情報ビューアのインストール

国土地理院の基盤地図情報データを、Jw_cadで読み込める形式（SFC形式）に変換するために必要な「ビューア」をインストールする。

❶ 付録CD-ROMの「リンク集」(p.222参照)の「□本書のリンク集」の「本書で紹介したアプリケーションソフト」にある「基盤地図情報閲覧コンバートソフト」を左クリックする。

❷ 画面が切り替わるので、画面を下方にスクロールして、「表示ソフトウェア」の「基盤地図情報ビューア」を左クリックする。

❸ 画面の下側にダイアログが開くので、「保存」を左クリックする。

❹ ダウンロードが終了すると画面下側のダイアログが切り替わるので、「フォルダーを開く」を左クリックする。

❺

「ダウンロード」ウィンドウが開くので、ダウンロードされた「FGDV（.zip）」を右クリックする。

❻

右クリックメニューが開くので、「すべて展開」を左クリックする。

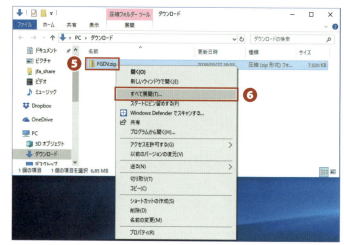

❼

図のダイアログが開くので、「FGDV」フォルダーの展開先フォルダーを指定して（通常は、図のように表示される初期値のまま変更しなくてよい）、「展開」を左クリックする。

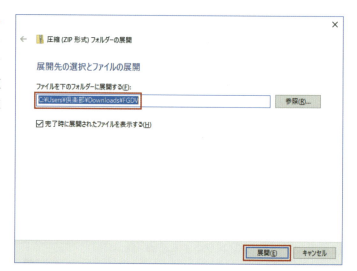

❽

展開された「FGDV」のウィンドウが開くので、展開されたフォルダー「FGDV」を右クリックする。

❾

右クリックメニューが開くので、「切り取り」を左クリックする。

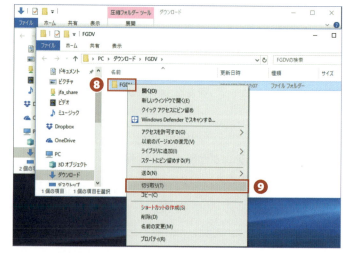

❿

ローカルディスク（Cドライブ）を左クリックして選択してから、続けて右クリックする。

⓫

右クリックメニューが開くので、「貼り付け」を左クリックする。

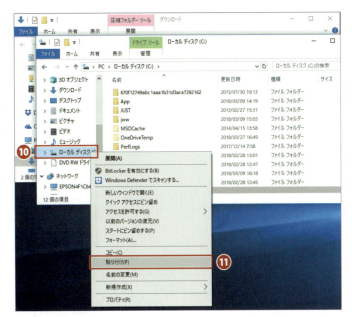

⓬

前ページ❽の「FGDV」フォルダーに戻って、このフォルダーを開く。

⓭

「FGDV（.exe）」を左クリックする。

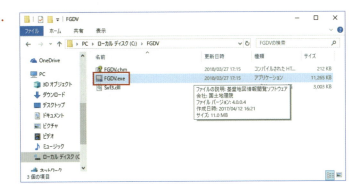

❶ 日影図と天空率　❷ 建物ボリューム　❸ Jw_cadの日影図機能　❹ Jw_cadの天空図機能
A 真北の求め方

❶
「基盤地図情報ビューア」が起動するので、「ファイル」メニューの「システム環境設定」を選択する。

❶
「環境設定」ダイアログが開くので、「デスクトップにこのプログラムのショートカットを作成する」にチェックを付けて、「OK」を左クリックする。

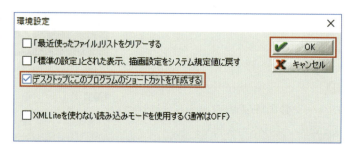

❶
デスクトップに「基盤地図情報ビューア」を起動するためのショートカットアイコンが作成される。

以降は、このアイコンを左クリックすれば、「基盤地図情報ビューア」が起動する。

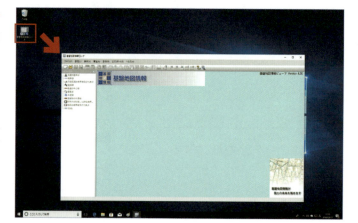

Index

数字・アルファベット

10m規制ライン	20、85、92
2.5Dコマンド	90
5m規制ライン	20、85、92
Direct2D	14
JCBA方式	43
Jw_cadでのカンマの入力	78

ア行

アイソメ表示	65、144
安全率	49
緯度	97、120
入隅	46、202、214
入隅部分の円弧処理	207
エクスプローラー	15
凹凸敷地	211

カ行

階段室	32
開放度	26
影の座標	120
影倍率	20、120
影倍率表	84、111
環境設定ファイル	144、146、170
基準高さ	198
季節	89、97、120
北側斜線	28、40、217
基盤地図情報データ	222、232
基盤地図情報ビューア	225、233
曲線	68
切妻屋根	73
空中構造	77
屈曲した道路	173
計画建築物	27、28、30、147

建築基準法	18
後退距離	55、215
高低差	36、42、192

サ行

採光	27
三斜計算	49、144、146、164
敷地境界線	20
敷地形状	51
敷地図	85、89、91
時刻日影図	20、84、86、101
指定点日影時間計算	84、87、107
指定点壁面日影時間	118
斜線制限	26
斜面	67
住居系用途地域	34
春分・秋分	120
真太陽時	19、20、120
真北	21、96、221
真北方向角	227
隅切り	176
制限勾配	33、34、41
精度	117、120、122
セットバック	32、34
前面道路	34、35、85、196
測定高	65、97
測定条件	97、110
測定点	148、150、173
測定面高さ	65、89

タ行

太陽位置	20、120
太陽軌跡図	88、119、144、146
太陽高度	20、120、133

237

太陽方位角	20、120、131
高さ制限	26
高さ設定	65、81、98
建物位置の確認	144、167、169
建物形状	54
建物ボリューム	61、73、86、98、144、147
地図データ	227
地盤面	32、42、81、196、198
通風	27
適合建築物	27、28、30、147
出隅部分	122
天空図	143
天空図コマンド	63、74
天空図の書き込み表	155
天空図の半径	29
天空比	144、145
天空率	26、50、144、145
天空率差分	49
天空率の比較	163、169
東京都方式	43
冬至	18、20、89、120
等時間日影図	20、84、87、102
塔屋	138
道路境界線	85
道路後退	189
道路斜線	28、31、38、173
道路中心線	85
道路面	42

ナ行

南中時刻	19
日影規制	18
日影規制時間	89
日影時間図	20
日影図	20
日影図コマンド	63、83、97
日影図の元となる平面形状	85、89、91

日影長さ	20
日影長さ表	84、112
日赤緯	120、121
日本建築行政会議方式	43

ハ行

配置図	85、89、91
バルコニー	78
庇	78
標準時	19
幅員	175
壁面後退	32
壁面時刻日影図	115
壁面等時間日影図	116
壁面日影図	84、88、114
変形敷地	211
方位角倍率図	84、112
方位マーク	64
方眼北	231
北緯	89

マ行

マイナスを付けた建物高さ	200
棟飾	32
門・塀	190

ヤ行

用途地域	177

ラ行

領域	147、148
隣地越しの敷地	43、45
隣地斜線	28、39、209
路地状	45

送付先 FAX 番号 ▶ 03-3403-0582　　メールアドレス ▶ info@xknowledge.co.jp
インターネットからのお問合せ ▶ http://xknowledge-books.jp/support/toiawase

FAX質問シート
Jw_cad 日影・天空率 完全マスター［Jw_cad 8対応版］

以下を必ずお読みになり、ご了承いただいた場合のみご質問をお送りください。

● 「本書の手順通り操作したが記載されているような結果にならない」といった本書記事に直接関係のある質問のみご回答いたします。「このようなことがしたい」「このようなときはどうすればよいか」など特定のユーザー向けの操作方法や問題解決方法については受け付けておりません。

● 本質問シートで、FAX またはメールにてお送りいただいた質問のみ受け付けております。お電話による質問はお受けできません。

● 本質問シートはコピーしてお使いください。また、必要事項に記入漏れがある場合はご回答できない場合がございます。

● メールの場合は、書名と当質問シートの項目を必ずご入力のうえ、送信してください。

● ご質問の内容によってはご回答できない場合や日数を要する場合がございます。

● パソコンや OS そのもの、ご使用の機器や環境についての操作方法・トラブルなどの質問は受け付けておりません。

ふりがな

氏　名　　　　　　　　　　　　　　年齢　　　　　歳　　　　性別　　男　・　女

回答送付先（FAX またはメールのいずれかに○印を付け、FAX 番号またはメールアドレスをご記入ください）

FAX　・　メール

※送付先ははっきりとわかりやすくご記入ください。判読できない場合はご回答いたしかねます。電話による回答はいたしておりません。

ご質問の内容　　※ 例）141 ページの手順 4 までは操作できるが、手順 6 の結果が別紙画面のようになって解決しない。

【 本書　　　　　ページ　〜　　　　　ページ 】

ご使用の Jw_cad のバージョン　　※ 例) Jw_cad 8.03a （　　　　　　　　　　　　　　　）

ご使用の OS のバージョン（以下の中から該当するものに○印を付けてください）

Windows 10　　　　8.1　　　　8　　　　7　　　　その他（　　　　　　　　　　　　　　）

◆ 著者紹介

駒田 政史 (こまだ まさふみ)

1959 年 10 月生まれ。1982 年鹿児島大学建築学科卒。
(株) 香川建築設計事務所勤務を経て、1995 年 8 月に駒田建築設計室設立、現在に至る。
主な著書:「実務最優先! Jw_cad for Windows 徹底活用術」
　　　　　「今さら聞けない Jw_cadQA 厳選 200」
　　　　　「Jw_cad 木造住宅設計完全マスター」
　　　　　「Jw_cad 建築設備設計完全マスター」
　　　　　「Jw_cad を十二分に活用するには必須のテクニックなのに
　　　　　　　　なかなか良い解説書がないと不満に思っている人に本当に役立つ本」
　　　　　「誰も教えてくれないマンションの選び方」
　　　　　「最高のマンションを手に入れる方法」(以上、エクスナレッジ)
ホームページ:http://www.komada.com/

深滝 准一 (ふかたき じゅんいち)

1957 年 7 月生まれ。1980 年芝浦工業大学建築学科卒。
(株) 椎名政夫建築設計事務所勤務を経て、1996 年 6 月に深滝准一建築設計室設立、現在に至る。
日本建築家協会 (JIA) 会員、登録建築家
主な著書:「F 氏のパソコン活用大全集」
　　　　　「DRA-CAD 徹底解説」
　　　　　「DRA-CAD 完全マスター」
　　　　　「Jw_cad でラクラク確認申請図」
　　　　　「写真で学ぶ建築基準法」
　　　　　「いちばんわかりやすい建築基準法」
　　　　　「Jw_cad 木造住宅設計入門」(以上、エクスナレッジ)
ホームページ:http://www.fukataki.com/

Jw_cad 日影・天空率 完全マスター［Jw_cad8対応版］

2018 年 8 月 31 日　初版第 1 刷発行
2022 年 1 月 21 日　　　第 2 刷発行

著　者　　駒田 政史 & 深滝 准一

発行者　　澤井 聖一
発行所　　株式会社エクスナレッジ
　　　　　〒 106 - 0032　東京都港区六本木 7 - 2 - 26
　　　　　https://www.xknowledge.co.jp/

● 問い合わせ先
編　集　　前ページのFAX質問シートを参照してください。
販　売　　Tel 03 - 3403 - 1321 ∕ Fax 03 - 3403 - 1829 ∕ info@xknowledge.co.jp

無断転載の禁止
本誌掲載記事 (本文、図表、イラストなど) を当社および著作権者の承諾なしに無断で転載 (翻訳、複写、データベースへの入力、インターネットでの掲載など) することを禁じます。
© Masafumi Komada & Junichi Fukataki 2018